250만 프로강사를 위한 책 쓰기 지침서

강의를 책으로 바꾸는 기술

강의를 책으로 바꾸는 기술

윤석일 지음

마음세상

프롤로그

"말하는 건 자신 있는데, 글 쓰는 건 자신 없습니다."

"지방에 강의가 있으면 바빠서 차분히 글 쓸 시간이 부족해요."

"쓰고 싶지만, 저보다 대단한 사람이 많아서요."

강의 분야를 불문하고 강사에게 책 쓰기를 이야기하면 돌아오는 말이다. '내이름이 들어간 책'의 중요성을 알지만, 선뜻 실천하지 못한다. 독서와 자기계발로 지식 최전선에 있는 강사가 책 쓰기를 어려워하는 건 재능이나 노력 부족이 아니다. 강사 라이프사이클이 책 쓰기에 매우 불리하다.

책 쓰기는 몰입의 결정체다. 몰입은 차분함에서 시작된다. 라이프사이클이 일정한 직장인은 퇴근 후 또는 주말, 부지런하면 출근 전 차분히 몰입할 시간이 있다. 강사는 오전 강의가 있다면 새벽에 일어나 준비한다. 오후 강의는 온종일 시간을 써야 한다. 거리가 멀면 시간과 체력소모가 심하다. 차분함에서도 불리하다. 강의를 잘하면 청중이 주는 카타르시스를 집까지 가져온다. 반대로 강의를 못 하면 아쉬움과 후회가 오래간다. 훈련되지 않으면 차분한 감정을 단시간에 만들어내지 못한다.

일정치 못한 라이프사이클로 책 쓰기는 힘들지만, 강사만큼 내 이름이 들어간 책이 필요한 직업도 없다. 강사는 지식, 경험, 노하우를 '그들(청중)의 언어'로 풀어내며 강의료를 받는다. 언어의 범주에서 경제 활동을 한다. 바로 말과 글이다. 말은 청중과 상호 소통할 수 있지만, 휘발성이 강하다. 강한 임팩트가 없다면 문밖에 나가는 순간 잃어버린다. 글을 연속성이며, 자기 철학과 생각, 노하우를 온전히 남길 수 있다. 이 글을 모으면 책이 된다. 강사라는 직업은 누군가를 죽여 살아남는 적자생존의 구조가 아니다. 그래서 무대에 있는 강사는 나눔을 지향한다. 휘발성인 말보다 지식, 경험, 노하우를 오랫동안 나누는 방법이 책이다.

강사가 책이 필요한 이유가 또 있다. 바로 현실적 문제다. 강의 시장에서 인지도는 몸값을 좌우한다. 강사에게 강사료가 전부는 아니지만, 소홀히 할 수 없는 부분이다. 더욱이 강사료가 생계라면 더 높은 몸값을 받기 위해 고민한다. 누구나 다하는 마케팅으로 몸값을 높이기 어렵다. 차별화를 가지면서 자신만의 전문성과 브랜딩을 올리는 현실적인 방법이 출간이다. 그래서 인지도 높은 강사 모두 책이 있다. 인지도가 높아 책을 쓰고, 책을 써서 인지도를 높인다. 선순환 구조다. 선순환이 많으면 인지도는 더욱 높아져 더 많은 강사료를 받는다.

출간의 여러 가지 장점으로 매년 12월, 1월은 강사 직군 책 쓰기 미팅이 많다. 새해 버킷리스트에 출간이 있기 때문이다. 안타깝게도 출간의 장벽을 넘는 강사는 많지 않다. 일정치 못한 라이프사이클 때문이다. 여기에 출간의 이분법적인 면도 영향을 미친다. '원고 쓰기 30% 달성'은 큰 의미가 없다. '출간했느냐?, 못했느냐? 딱 두 가지뿐이다. 사람을 지치게 한다. 가뜩이나 내 감정을 숨기고 무대가 원하는 감정을 쏟고 왔는데, 중간성취가 없는 일에 자판을 두드리기 쉽지 않다.

이런 현실 앞에 필자도 강사고, 함께 활동하는 수많은 강사를 보면서 어떻게 하면 책을 수월하게 낼까 고민했다. 이 고민은 필자의 고민이기도 했다. 그래서 답을 찾고 싶었고, 실질적이며 누구나 활용 가능한 방법을 제시하고 싶었다.

고민 해결책은 가까이 있었다. 강사에게는 '자기 강의'가 있다. 자기 강의 지식은 청중보다 앞선다. 그래야 청중 앞에 당당하다. 집필도 주제를 장악할 때 시작할 수 있다. 연결해서 원고 쓰기 모든 걸 자기 강의에서 찾으면 된다. 이 책역시 필자의 〈1인 미디어 집필수업_당신의 미디어는 무엇입니까?〉 강의에 기초해서 살을 붙이는 방법으로 집필했다.

모든 강의가 그러하듯 처음에는 청중에게 동기부여를 준다. 이 책도 1부에는 책을 써야 하는 동기부여를 담았다. 초반 청중에게 동기부여 했다면 실전적인 해법을 제시해야 한다. 이 책도 2부 1~3장에는 자기 강의로 콘셉트 정하기, 제목, 목차 만들기, 원고 쓰기 기법을 제공한다. 강의 종반부는 지속하는 방법이나, 실천했을 때 오는 행복, 이익을 이야기한다. 2부 4~5장은 지속해서 집필하는 방법과 마인드관리, 책 활용방법을 제시했다. 그리고 이 책 만에 실용성을 위해 실제 강사를 만나 상담하고 제시했던 제목, 목차 만들기 사례와 해석을 넣었다. 이 책은 강의안 만들 듯, 책 쓰는 방법을 이야기한 책이다.

이 책을 집필할 때 창밖에는 목련 꽃이 피어있었다. 목련 나무가 예뻐서 포토존까지 있는 곳이다. 부끄럽게도 목련 어떻게 피었는지 기억에 없다. 그 흔한 사진 한 장 없다. 누군가 후회되지 않느냐 물었다. 솔직히 봄을 즐기지 못해 조금은 후회가 된다. 하지만 후회보다 꼭 보고 싶은 게 있었다. 바로 이 책을 보고 출간했다는 독자 메일이다. 이분법적인 출간에서 "출간했다."의 메일을 말이다. 이 책이 "출간했다."를 외치는 데 작게나마 일조하길 희망한다. 끝으로 자신이 가진 지식, 경험, 노하우를 '그들의 언어'로 풀어내기 위해 오늘도 치열하게 살아가는 수많은 강사에게 존경과 응원을 보낸다.

2018년 이른 봄비가 내리는 3월 초, 책다방 끝자리에서
윤석일

제1부

프로강사,
최고의 퍼스널 브랜딩은
저서다

첫 번째, 진입 장벽이 낮다.

두 번째, 창업 자본이 거의 들지 않는다.

세 번째, 시간이 자유롭다.

네 번째, 정년이 없다.

다섯 번째, 무대가 주는 카타르시스를 경험할 수 있다.

전 국민 강사 시대, 나를 어떻게 알릴까

"조금 특이한 경력만 있다면 다 강사하겠다고 말합니다."

일자리 종합지원센터에서 은퇴자 교육을 하는 H 강사의 말이다. 그는 은퇴자 중 강사에 도전하는 콘텐츠가 두 가지라고 한다. 하나는 회사 경력을 살려 강사에 도전한다. 금융 회사 경력이 있다면 금융 전문 강사, 공직 경력이 있다면 공직자 윤리 강사, 인사팀 경력이 있다면 취업 강사에 도전한다. 다른 하나는 취미를 살려 강사에 도전하는 경우다. 대한민국 구석구석 국내여행을 다녔다면 여행 전문 강사, 긴 시간 아마추어로 사진 촬영을 했다면 초보자를 위한 사진 촬영 강사, 틈틈이 심리 상담 기법을 배웠다면 심리 상담 강사에 도전한다. 그는 많은 사람이 강사에 도전하는 것은 과거보다 강의 수요가 늘었고, 배울 곳도 많아지면서 강사를 꿈꾸는 사람이 많아졌다고 설명한다.

그의 말처럼 미디어에 스타강사가 출연하고, 강의 수요가 있는 콘텐츠만 있다면 누구나 강사를 꿈꾸고 있다. 강의 현장에 나가보면 이러한 현상을 느낄 수 있다. 전업 강사는 아니더라도 부업으로 강의하는 사람이 늘었다. 낮에는 직장 생활을 하고 주말이나 야간에 경력을 살려 강의를 한다. 또 다른 유형은 1 인 제조가 가능한 아이템으로 점포를 차려놓고 손님이 뜸한 낮에는 문화센터 등에서 강의한다. 강의 수요가 조금이라도 있다면 강사를 꿈꾸거나 강의를 하고 있음을 현장에서도 느낄 수 있다.

몇 년 전부터 방송에서 스토리텔링 강의가 폭발적으로 늘어났다. 여기에 방송을 보고 자신도 강의할 스토리가 있다며 강사에 도전한다. 이런 수요를 충족시키기 위해 SNS에는 강사 양성 과정을 모집한다는 홍보와 양성 과정을 이수한 사람에게 수료증을 주는 사진이 계속 올라온다. 이처럼 많은 사람이 강사를 꿈꾸는 이유는 무엇일까?

첫 번째는 진입 장벽이 낮다는 점이다. 나만의 스토리만 있어도 강의할 수 있는 시대다. 강사는 학벌이나 과거 경력에 구애받지 않고 시작할 수 있다. 두 번째는 창업 자본이 거의 들지 않는다는 점이다. 강사는 특별한 시설이나 공간이 필요 없다. 사업자 없이 강사를 시작할 수 있으며 사무실이 없어도 일하는데 지장이 없다. 세 번째는 시간이 자유롭다. 강의가 없다면 시간을 마음껏 쓸 수 있으며 통제하는 상사도 없으니 자유로운 직업이다. 강의가 없는 날에는 자기계발을 하거나 해외여행을 떠날 수도 있다. 네 번째는 정년이 없다. 불러주는 곳이 있고 체력만 된다면 은퇴는 존재하지 않는다. 평생 현역이 가능하다. 다섯 번째는 무대가 주는 카타르시스를 경험할 수 있다. 내가 주는 메시지에 청중은 감동한다. 그 모습을 보면 말로 표현할 수 없는 보람과 기쁨이 몰려온다. 다섯 가지 말고도 강사 직업이 주는 장점은 여러 가지다. 이런 장점 때문에 강사에 도전하는 사람은 더욱 늘어날 것으로 보인다.

현재 강사업에 종사자를 파악하기 힘들지만, 업계 중론으로는 약 200만 명에서 250만 명으로 보고 있다. 여기에 파악이 어려운 투잡이나 프리랜서, 일회성까지 포함하면 대한민국은 강사 전성 시대라고 할 수 있다.

"월수입이 5만 원일 때도 있었어요."

서비스 강의를 전문적으로 하는 O 강사가 술자리에서 했던 말이다. 지금은 수입이 나아졌지만, 또래 직장인에 비하면 턱없이 부족한 수입이다. O 강사가 강의 실력이 부족한 것도 아니다. 자신을 알리기 위해 강사 모임에도 열심히 참석하고 있다. 배움, 인맥 관리 모두 열심히 한다. 미래를 위해 현재를 투자하고 있는 모습이 아름답지만, 무언가 부족해 보인다.

그의 메인 강의는 서비스 강의다. 서비스 강의는 프랜차이즈 교육회사에서 매월 환급 과정으로 예비 강사를 배출하고 있는 분야다. 시간이 갈수록 실력 있는 강사가 배출되면서 그를 위협할 수 있다. 그도 자신을 알리기 위해 블로그, 페이스북, 명함 등으로 홍보하고 있지만, 자신을 알릴 수 있는 강한 무언가 필요해 보였다.

프랜차이즈로 강사 양성 아카데미가 생길 정도로 전 국민 강사 시대가 열리면서 강의 시장은 포화 상태다. 일부 스타강사나 자리를 잡은 강사를 제외하고 포화 상태에서 경쟁 중이다. 자리를 잡았다 해도 콘텐츠를 업그레이드하지 않으면 청중의 기억 속에서 사라진다. 언론에 나와 반짝하다 사라지는 강사도 많으며, 트렌드를 잡아 1년 동안 전국 순회를 하다 사라지는 강사도 많다. 강의 시장은 경쟁자도 많고 청중의 눈높이도 올라가는 형편에 그는 물론 많은 강사가 어려움을 호소하고 있다. 넘쳐나는 강사 속에서 자신을 알리기 위한 강한 무언가 절실히 필요해 보인다.

웃음을 주제로 높은 강의료를 받는 K 강사가 있다. 인생 역전 스토리와 청중을 사로잡는 열정과 재미, 철저한 자기 관리를 하는 강사다. 주변에 웃음을 주제로 K 강사 못지않은 실력을 자랑하는 강사들도 많지만, 강의료와 인지도는 그와 비교하면 턱없이 부족하다.

강의료와 인지도가 강사에게는 전부는 아니다. 하지만 많은 부분을 차지하는 것도 사실이다. 취미나 일회성으로 강의하는 사람이 아니면 강의료는 생계다. 같은 실력, 같은 콘텐츠라면 강의료를 많이 받고 싶은 게 당연한 욕심이다.

K 강사가 몸값이 높은 이유는 간단하다. 자신을 알리는데 꾸준히 투자했기 때문이다. 그는 주 2회 언론에 칼럼을 쓴다. 원고료는 없다. 언론사와 협의해 강의 사진과 강의 내용, 메일 주소만 기재할 뿐이다. 칼럼 주제는 시사 이슈에 웃음을 넣는다. 분량은 대략 A4용지 한 장이다. 이 칼럼을 1년 정도 모으면 단행본 분량이 된다. 그리고 출판한다. 출판한 책 모두가 잘 팔린 건 아니지만, 웃음이란 주제 하나로 여러 권을 집필했으니 웃음과 관련한 저자 강의를 찾는다면 K 강사를 부른다.

펀(Fun)경영, 웃음 요가, 웃음 리더십 등 강의 시장에서 웃음 키워드는 끊임없이 변화되었다. K 강사는 칼럼을 통해 글쓰기를 두려워하지 않았다. 변화하는 웃음 키워드로 칼럼을 쓰고 그것을 모아 책을 출간한다. 판매량과 상관없이 출간할수록 웃음 분야에서 K 강사의 입지는 단단해진다. 그 성과가 강의료며 인지도다.

한 분야에 책을 3권만 낸다면 전문가로 인정받는다. 3권 출간하기 위해 깊이 있는 공부와 경험이 필수다. 출간으로 스스로 성장시키고, 브랜드 인지도를 높이자. '전 국민 강사 시대'에 나를 찾는 이유와 명분을 책을 통해 만들어 내자.

똑같은 마케팅, 똑같은 몸값

"일단 유명해져라. 그러면 사람들은 당신이 똥을 싸도 손뼉을 쳐줄 것이다."

현대 미술의 아이콘으로 불리는 팝 아티스트 앤디 워홀의 말이다. 기존 아트 기법을 거부하고 통조림과 코카콜라 그림을 전시해 이슈를 끈 앤디 워홀은 그림 말고도 기자들에게 보인 태도로도 이슈를 끌고 다녔다.

전시회에서 아티스트는 작품을 팔기 위해 부산을 떠는 게 일반적인 모습이다. 하지만 앤디 워홀은 구석에서 멍하니 서 있을 뿐이었다. 기자들이 작품에 대해 물어보면 "제가 수프를 좋아하거든요." 같은 모호한 말만 남긴다. 그의 냉담하고 모호한 태도 때문에 기자들이 알아서 '대량생산에 대한 경고' 같은 미사여구를 달아 신문 지면을 장식했다. 그의 냉담하고 모호한 태도는 세상이 알아서 돋보이게 했다.

앤디 워홀은 자기 세계에 빠진 예술인과 달리 사교 공간인 '팩토리' 만들어

정계, 재계, 연예인 등 유명 인사와 교류했다. 그들의 든든한 후원으로 영화도 찍고 자신의 예술 세계를 밖으로 표출할 수 있었다. 그는 다른 예술인과 달랐다. 이 차별화가 몸값이 되었고, 그의 '차별화 마케팅'은 지금도 많은 사람이 연구하고 있다.

앤디 워홀이 처음부터 냉담함과 애매함으로 자신을 돋보이게 한 건 아니다. 20대 초반 그는 대량 생산이 일반화된 세상에서 '차별화'의 숙제를 안고 있었다. 예쁘장한 그림을 잡지에 기재하며 별 특색 없던 그는 냉철한 자기 관찰 끝에 '냉담함'과 'VIP 마케팅'으로 차별화를 찾았다. 냉담함과 VIP 마케팅에 성공은 현대 미술의 아이콘이라 부르기에 충분했다. 지금의 강의 세계도 비슷하지 않을까? 넘치는 공급에서 똑같은 마케팅으로 똑같은 대우, 똑같은 몸값을 받을 수밖에 없다. 자신의 차별화가 있다면 분명 다른 대우를 받을 수 있다.

얼마 전 강사 모임이 끝나고 뒤풀이를 갔다. 20대 초반부터 사내 강사를 시작해 강의 경력만 20년 넘는 Y 강사와 이야기할 기회가 생겼다. 강의만 20년 했으니 깊은 내공을 느낄 수 있었지만, 왠지 지쳐 보였다. 얼마간에 대화 끝에 지쳐 보이는 이유를 말해 주었다.

"10년 전이나 지금이나 강의료가 똑같네요. 처음이야 보람으로 다녔지만, 지금은 기름값도 안 나오는 곳에서 강의하면 기운이 빠집니다. 의리도 한두 번이지 솔직히 지칩니다."

10년이란 시간이 지났지만, 똑같은 강의료에 지쳐 있었다. 앞으로도 비슷할 거라 말했다. 신입 강사는 끊임없이 유입되며 체력도 예전 같지 않으며 이 상황을 점프할 방법이 딱히 떠오르지 않는다고 한다.

그도 차별화를 위해 교육 연구소를 설립하고 민간 자격증을 발급하면서 자신의 노하우를 공유하고 있다. 하지만 이 역시 쉽지 않은 모양이다. 비슷한 이름에 민간 자격증도 많고 프리랜서 강사라면 누구나 개인 연구소를 가지고 있다. 그와 이야기하는 내내 무언가 새로운 도전이 필요해 보였다.

한국직업능력개발원에는 민간자격증 통계가 나온다. 2016년 등록된 민간자격증은 23,305개로 나왔다. 이 숫자 안에는 1급, 2급, 3급처럼 급수가 나오지 않기에 급수까지 고려하면 민간 자격증 수는 폭발적인 숫자다. '실버'라는 키워드로 자격증을 검색해도 276개가 나온다. 이 역시 급수로 나눈다면 500개가 넘을 수 있다.

국가 자격증, 민간 자격증 상관없이 자격증 취득은 배움의 의지며, 자기계발하는 멋진 모습이다. 자격증을 취득하면 강사들과 교류도 할 수 있고, 강의기법도 배울 수 있다. 지인들에게 강의에서 자격증이 필요하면 취득을 권장한다. 하지만 자격증 취득이 차별화에 얼마나 도움이 되는지 생각해 보라고 조언한다. 비슷한 자격증이 넘치는 세상에서 얼마나 차별화를 끌어낼지 말이다. 강의 시장에서 자격증을 뛰어넘는 다른 차별화가 필요한 시점이다.

과거 스토리를 중심으로 전국에 강의를 다니는 모 강사가 있다. 페이스북으로만 소식을 접한다. 페이스북에는 강의하는 동영상이 자주 올라온다. 얼핏 보면 유명한 강사로 생각할 수 있다. 동영상은 강사가 말하면 청중들이 즐거워하는 영상이다. 영상이 끝나면 강사 양성 과정 모집과 민간 자격증을 발행한다는 홍보가 나온다. 그리고 영상이 끝나면 링크가 나온다. 링크를 누르면 화려한 후기와 모두 즐거워하는 사진을 볼 수 있었다.

가까운 도서관에서 강의가 있어, 직접 청강할 기회가 생겼다. 페이스북을 통해 명성을 알고 있어 내심 기대를 했다. 강의가 시작되었고 시간이 흐를수록 기대는 실망으로 변했다. 다른 청중들도 내가 느끼는 감정과 비슷한 것 같았다. 빨리 끝나길 빌고 있는 표정이었다. 강의가 끝나고 집으로 돌아가는 길에 기대가 컸던 내 잘못인지, 강사가 컨디션이 안 좋았던 것인지, 마케팅으로 둘러싸인 페이스북이 문제인지 헷갈렸다. 하루가 흘러 그의 페이스북에는 강의 초반 화기애애했던 장면을 편집한 동영상이 올라왔고 '좋아요'가 수백 개가 되었다. 동영상 끝에는 강사 양성 과정을 모집한다는 광고가 나왔다.

활동하는 강사들 사이에서 그의 평판은 좋지 않다. 강의 경력도 짧은데 양성 과정을 고액으로 돌리고 있으니 1년 안에 사라질 거라고 이구동성으로 평가했다. 사실 양성과정을 이수한 사람에게 강의 기술, 기법, 자격증도 필요하지만 정말 필요한 건 그것이 아닐 것이다. 시간이 흘러 그의 페이스북에 강사 양성 과정 모집 홍보는 볼 수 없었다. 화려한 마케팅에 한두 번은 참가할 수 있어도 차별화가 없는 양성과정에 돈을 지급하는 고객이 없는 것 같았다.

마케팅 전문가들은 마케팅의 본질은 플랫폼 활용에 달린 게 아니라고 말한다. 플랫폼 기술은 발전하기 때문에 언제든지 변할 수 있다. 고객도 더 이상 플랫폼 기술에 속지 않는다고 한다. 플랫폼 활용 마케팅은 휘발성이 강하다. 하루에도 수백씩 쏟아진다. 고객에게 무게감 있게 알리는 무언가 필요하다.

스피치 책을 출간한 K 강사가 있다. 책에는 자신의 과거를 솔직히 넣었다. 직장인 시절 스피치를 못해 망신당한 경험과 눈물 나는 극복 과정, 프리랜서 강사를 시작하며 느낀 창피함 등 스피치 교육이 필요한 사람에게는 공감 가는 내용이었다. 책은 무대 공포를 극복한 스토리와 실질적인 해결책으로 독자의 호응을 끌어냈다.

출간 1년 후 K 강사를 만났다. 지금은 일대일 개인 코칭만 나간다고 한다. 주 고객은 강의가 필요한 CEO나 기업 임원이다. CEO나 임원을 만나면 책 내용에 공감을 많이 보냈다고 한다. 개인 코칭을 부른 이유도 두려운 마음을 잘 알 것 같아서 부른다고 설명한다. 개인 코칭 특성상 금액은 고가다. 지금은 강의보다 코칭을 나가며 고객들과 두꺼운 인연을 만들고 있다.

K 강사는 "SNS에는 자신의 철학이나 생각, 살아온 이야기를 온전히 담아내기에는 분량에 한계가 있다."고 말한다. 책은 지면에 한계가 없으며 나만의 철학, 생각, 살아온 이야기를 마음껏 넣을 수 있다는 설명이다. 독자도 스낵 (snack)지식이 넘쳐나는 세상에 온전한 이야기와 지식을 체계적으로 정리한 책을 찾을 수밖에 없다.

인문학의 부활과 함께 '스토리의 시대'가 열렸다고 말한다. 대량 생산 체제가 완성되면서 상향 평준화된 제품에서 어떤 스토리를 갖고 있느냐에 따라 고객은 지갑을 연다. 강사도 마찬가지다. 똑같은 마케팅에 청중은 관심을 보이지 않는다. 나만의 이야기를 온전히 담아내고 공감을 받을 수 있는 마케팅이 절실히 필요한 시점이다. 차별화를 고민한다면 온전한 나의 이야기와 나만의 해결책을 담은 마케팅이 필요하다. 그 정점에 책이 있다고 말하고 싶다.

스스로 증명할 수 있는 '그 무엇'

2001년에는 강의 시장 규모가 6,000억 수준이었다. 언론은 강연 시장이 커질 거라 예상했다. 12년 지난 2013년 한국일보에서 기업 교육 컨설팅 업체 엑스퍼스컨설팅 보고서를 인용해 기업 교육 시장은 5조 2,000억 원으로 평가했다. 이 중 순수 강의료만 2조 원이 넘는다고 발표했다. 12년 동안 꾸준한 성장을 보였다. 강의 시장은 더욱 커질 수밖에 없다. 현대인은 시간이 부족하고, 미디어에 친숙해 '재미와 지식 습득'이라는 두 마리 토끼를 잡아야 한다. 여기에 경제 불확실성 증가로 평생 배움은 누구나 가진 화두다. 재미와 지식 그리고 배움의 화두는 강의를 통해 얼마든지 충족시켜 줄 수 있다.

5조 원이 넘는 국내 강의 시장은 자기계발 열풍과 함께 성장했다. 1997년 IMF가 터지고 직장은 경제적 안전망을 제공해 주지 못했다. 경쟁은 더욱 치열해지고 능력이 없다면 조직은 냉정하게 버렸다. 정부도 경제적 생존을 책임지지 못했다. 스스로 생존을 찾아야 하는 각자도생(各自圖生) 시대가 시작되었다. 각자도생은 자기계발 열풍을 끌고 왔다.

자기계발과 각자도생의 뿌리는 미국이다. 미국의 건국 정신은 개척정신으로 출신 신분과 상관없이 골드러시(Gold Rush)는 누구나 부자가 될 기회를 주었다. 초기 미국 정부는 넓은 땅 때문에 식량, 치안 같은 기본적인 생존권을 국민에게 보장해 주지 못했다. 그래서 개척정신을 강조하며 승자독식을 인정했다. 위험을 무릅쓰고 골드러시에 성공한 개인은 엄청난 부와 명예가 따랐다. 훗날 개척정신은 미국 세일즈맨에게 전달된다. 20세기 초 넓은 땅에 체계적인 유통망을 갖출 수 있었던 것도 세일즈맨에 철저한 개척정신 덕분이다.

미국의 유명한 자기계발 선구자 대부분은 세일즈맨 출신이다. 대표적인 인물이 데일 카네기다. 교사와 세일즈맨 경험으로 스피치 강좌를 열어 큰 호응을 얻으며 데일 카네기는 아카데미를 설립한다. 아카데미는 세계에 진출한다. 2000년 초반 우리나라 출판시장에 데일 카네기 열풍이 불었던 일도 자기계발의 본격적 확산을 알리는 신호탄이었다.

자기계발의 뿌리는 개척정신이다. 그리고 이면에는 각자 살길을 찾는 각자도생 정신이 숨어 있다. 자기계발을 중심으로 강의 시장이 커지는 건 각자도생이 더욱 치열해졌다는 증거다. 자기계발 열풍과 강의 열풍의 이면에는 개개인이 살아가기가 힘들어지고 있다는 안타까운 뜻이기도 하다.

몇 년 전부터 불고 있는 인문학 강의는 각자도생을 극복하려는 대안적인 방법으로 제시한다. 가난한 사람이 증가하는 이유가 노력 부족이 아니라 사회 구조적 문제라는 지적이 생기기 시작했다. 천민자본주의와 각자도생이 재평가되면서 공유와 상생의 키워드가 등장했다. 공유와 상생을 중심으로 강의가 인문학 강의다. 인문학 강의를 이끈 건 스타강사와 미디어의 힘이다.

지금 강의 시장은 기업 강의는 물론 개인 스토리나 전문성을 재미있게 풀어내는 '테이너'의 등장, 청춘 키워드를 시작으로 힐링 강의, 개인 공방 강의, 인문학 강의 등으로 강의 시장은 점점 커지고 복잡해지는 양상이다.

이런 강의 환경에서 한 번쯤 던져야 할 질문이 있다. 바로, '강의의 본질은 무엇일까?'다. 이 질문에 정답은 강사 숫자만큼 존재한다. 딱 잘라 말하기 힘들다. 하지만 공통된 정답이 하나가 있다. "조금 더 좋은 삶을 추구한다."는 점이다. 강사가 생각하는 조금 더 나은 삶을 강의를 통해 전파한다.

조금 더 나은 삶은 자신을 업그레이드한다는 전제가 있다. 강사 역시 이 문제에서 벗어날 수 없다. 강사라면 자신을 업그레이드하는 숙제가 늘 따라다닌다.

자신을 업그레이드하는 방법 중 가장 일반적이고 쉽게 접근할 방법이 '공부'다. 그리고 공부는 자신에게 주어진 운명을 바꾸는 몇 안 되는 도구이기도 하다. 2013년에 출간한 《1인 기업의 갑이다》에는 1인 기업을 '지식의 최전선에 있는 직업'이라고 설명했다. 이 말에 많은 사람이 동의했다. 특히 강사 직업이 많은 공감을 보냈다. 자신을 업그레이드하고 지식 최전선 있는 강사에게 공부는 떠날 수 없는 도구이며 언제나 최전선에 있는 직업이다.

"처음에는 집필이 콘텐츠를 만들어 내는 중요한 일 중 하나였습니다. 책을 계속 출간하다 보니 배우는 방법이라는 느끼네요. 책을 쓰면서 지식을 체계화하고 깊이 있게 공부할 수밖에 없습니다. 콘텐츠를 만드는 것이 의무였는데 지금은 강의에 적용하고 있어 재미있습니다. 결국, 책 쓰기가 공부네요."

첫 책을 낸 후 1년에 한 권씩 출간 중인 H 강사의 말이다. 처음에는 공부와 집필을 분리해서 생각했다. 집필이 쌓일수록 집필이 곧 공부라는 생각이다. 지식 최전선에서 집필로 공부와 콘텐츠 만들기를 동시에 하고 있다.

공부와 콘텐츠 만들기를 동시에 할 수 있는 집필을 결심할 때 망설이는 사람을 자주 본다. 공통된 특징은 결과론적으로 생각하는 경향이 많다. 즉 완성해 놓고 쓴다는 마음이다. '졸업하면', '이수하면', '실력이 쌓이면'처럼 결과론을 고민한다. 결국, 시간만 흐른다. 우리 삶에 최종 완성이 어디 있겠는가? 첫 강의도 최종 완성을 하고 시작하지 않았다. 과정을 중요하게 여기고 첫 강의를 시작했다. 집필도 마찬가지다. 완성이 아니라 완성을 추구하겠다는 마음으로 시작해야 한다. 그 방법이 집필을 공부로 보면 된다. 집필은 완성 후에 하는 일이 아니라 공부하는 과정으로 말이다.

한 분야를 20년 넘게 공부하고 강의했던 M 강사가 나를 찾아왔다. 공부는 오래 했지만, 무언가 부족해 보였다. 그도 느끼고 있었다. 결과를 내놓고 싶은 심정이었다. 목차를 만들고 집필에 들어갔다. 그 과정에서 다시 자료를 찾고 공부했다. 공부하며 강의를 더욱 체계적으로 정리했다고 한다. 몇 개월간 집중적 집필로 좋은 출판사와 인연이 닿아 출간 후 인기를 끌었다.

어느 날 지인들과 모임에서 '세월과 죽음'에 관한 이야기가 나왔다고 한다. M 강사의 나이는 지천명도 중반으로 가고 있어 한 번쯤 생각해야 할 키워드다. 반백 년 살았지만, 남는 건 자녀뿐이라 모두가 무상한 인생에 대해 말할 때 그는 마음이 놓였다고 한다. 자신이 이 세상에 살았고, 영향력을 행사했음을 책으로 남겼다는 생각이 들었기 때문이다. 적어도 출간된 책이 사라지지 않는 이상 자신의 존재를 남겼다. 이 세상에 자신이 살아있음을 책으로 증명했기 때문이다. 집필을 통해 공부는 물론 사라지지 않는 결과를 남긴 일이다.

100세 시대라고 한다. 하지만 정신 건강이 총명할 때는 길지 않다. 우리는 유한인생(有限人生)에서 어떤 결과를 내놓을까도 생각해야 한다. '세불아연(歲不我延)'이라 하지 않았던가? 최종 완성까지 기다리기에 짧은 삶이다. 세월은 나를 위해 기다리지 않는다. 한 분야만 40년 연구한 사람도 연구 분야에 완성을 선언하지 못한다. 모든 것에는 완성이 존재하지 않기 때문이다. 세상에 최종 완성이 어디 있겠는가? 책 쓰기도 그렇다. 부족한 부분이 있다면 재판을 찍으면 된다. 그래도 부족하고 아쉬움이 있다면 다음 책에 담으면 된다.

책 쓰기는 최종 완성이 아니다. 공부하는 과정으로 생각하자. 공부 과정에서 나를 증명할 수 있는 '그 무엇'을 낼 수 있다. 말은 휘발성이고 글은 영속성이다. 글을 체계적으로 정리하고 모으면 책이 된다. 책으로 스스로 영속성을 부여하자. 그 과정 역시 공부며 자기완성을 해나가는 여정이다.

강사는 나누기 위한 직업이다

어린 시절 어머니는 시장에서 장사하셨다. 노점부터 시작해 큰 골목에 있는 가게까지 진출할 정도로 체계적인 계획을 실천하신 분이다. 큰 골목 가게로 이사 갈 때 아이템이 바뀌어 제사(祭祀)용 전을 만들어 판매했다. 당시로는 쉽게 볼 수 없는 아이템이었다. 제사용 전을 두고 "좋은 아이템이다."라는 칭찬과 "세상이 변해도 조상님 모시는 걸 파냐?"와 같은 안 좋은 이야기를 들었다. 물론 지금은 흔히 볼 수 있는 아이템이다. 돌아보면 시대를 빨리 읽고 행동으로 옮긴 어머니께 감탄을 보낸다. 제사용 전에 주 고객은 젊은 주부와 불교용품점이었다. 불교용품점은 무속인의 내(神)림굿 제사 물품을 세트로 판매, 배달한다. 이때 제사용 전이 필요하다. 구매량이 많을 때는 형이나 내가 배달하러 다녔다.

방학에 배달이 있다면 어머니께서 애청한 라디오 방송을 같이 들었다. 기억에 남는 방송은 〈태진아쇼쇼쇼〉였다. 2003년부터 11시 5분에 가수 태진아 목소리가 10년 넘게 전국으로 퍼진 방송이다. 사연도 읽어주고 노래도 들려주었다. 라디오 방송에서 지금도 기억에 남는 건 오프닝이었다.

"태진아 쇼쇼쇼를 사랑하시는 대한민국 국민 여러분, 해외동포 여러분, 근로자 여러분, 국군장병 여러분, 경찰관 여러분, 학생 여러분, 택시 기사님, 버스 기사님, 화물차 기사님…… 오늘 하루도 멋진 하루 되시고, 건강하시고, 모두 모두 부자 되시기 바라겠습니다. 매일 오전 11시 5분부터 52분 동안 함께 하는 〈태진아 쇼쇼쇼〉의 태진압니다."

10년 넘게 같은 오프닝을 했다. 강의를 나가면 공감을 보낼 줄 연령대 앞에서 태진아 목소리를 흉내 내며 이 오프닝을 읽어준다. 대부분 반응이 좋다. 이 오프닝을 들을 때마다 우리는 많은 직업 속에서 살고 있음을 느꼈다. 그리고 각자 위치에서 최선을 다하는 사람이 있기에 세상이 움직인다는 생각으로 이어졌다.

시간이 흘러 '업(業)' 관한 독서와 공부를 하며 우리는 다양한 환경 속에서도 공통점이 있다는 걸 깨달았다. '자신이 설정한 성공 기준을 향해 온갖 노력을 하고 있다.'는 점이다. 돈이 성공 기준이면 돈을 벌기 위해 온갖 노력을 한다. 가족 행복이 성공 기준이면 가족의 행복을 위해 온갖 노력을 하며, 무위자연의 삶이 성공 기준이면 무위자연을 위해 온갖 노력을 한다. 봉사하는 삶이 성공 기준이라면 봉사를 위해 온갖 노력을 한다. 명예, 자아실현, 고급 아파트, 외제차, 명인, 자격증 등 스스로 설정한 성공 기준을 향해 우리는 온갖 노력을 하고 살고 있다.

강사도 다르지 않다. 강사로 설정한 성공 기준을 향해 온갖 노력을 하고 있다. 그것이 강사료일 수 있고, 보람일 수도 있으며, 영향력일 수도 있다. 여기서 조금만 깊이 들어가 보자. 각자 원하는 성공 기준은 다르지만, 강사가 마이크를 잡고 무언가 말하기 시작할 때는 자신의 지식이나 노하우를 나누기 시작한다는 점이다.

강사는 자신의 이익을 추구하면서 청중에게 나누는 일을 한다. 강사는 누군가 죽여야 자신이 살아남는 적자생존 구조가 아니다. 그래서 무대에 있는 강사는 빛나고 아름다운 법이다. 본래 강사는 함께 살아가는 상생 구조며 나눔을 지향한다.

강사에게 가장 보람된 말 중 하나가 "강의를 듣고 변화되었다."는 말이 아닐까? 거리가 멀어도, 강사료가 부족해도 이 한마디에 보람을 느낀다. 청중의 긍정적 변화는 물론 중요한 선택에 도움이 되었다면 그 보람은 몇 배가 된다. 수많은 강사를 만나면서 느끼는 공통점이 있다. 청중에게 긍정적인 영향력을 행사하고 싶어 하며 그것이 증명될 때 행복을 느낀다는 점이다.

필자도 청중으로 긍정적인 영향을 받은 강사와 강의가 있다. 2015년《인간관계가 답이다》공저로 출간한 신용준 에듀콤교육연구소 대표와의 인연이 그렇다.

직장인 시절, 미래에 대한 고민이 많았다. 직장은 기회와 안정을 주는 소중한 곳이지만 무언가 부족했다. 좋아하는 일을 마음껏 해 보고 싶은 욕구인 셈이다. 좋아하는 일이 바로 강의였다. 지금 돌아보면 무모했다. 남들이 인정하는 졸업장도 경력도 없었고 특출난 재주도 없었다. 믿을 건 용기였다. 스피치 아카데미로 달려가 열심히 배웠다. 열심히 하는 모습이 예뻤는지 원장님이 첫 강의를 주셨다. 그러나 첫 강의에서 강사가 접할 수 있는 망신이란 망신을 모두 당했다. 그날 밤 소주를 마시며 강사 꿈을 포기하고 직장에 집중해야 하는지 심각하게 고민했다. 하지만 관점을 바꿨다. 망신을 한번 당하고 포기한다면 앞으로 얼마나 많은 망신을 당해야 하는데, 지금 포기하면 안 된다고 스스로 다독였다. 다음 날 퇴근 후 아카데미로 연습하러 갔다. 차츰 청소년 강의, 문화 센터 강의를 직장과 병행하기 시작했다.

시간이 흘러 직장과 병행하기에 시간적, 체력적 한계가 왔다. '직장에 남을 것인가? 좋아하는 일을 할 것인가?'를 결정할 시기가 왔다. 또래 친구들은 직장에 자리 잡아 그 안에서 꿈을 꾸고 있었다. 그동안 주경야독하며 힘들게 졸업한 대학과 취득한 자격증, 경력을 버리고 새로운 일에 뛰어들기에는 모아놓은 돈도, 전문성도 없었다. 마음의 갈등이 심해지자 회사도 강의도 싫어졌다. 우연인지 필연인지 회사에서 4박 5일 직무 강화 교육을 보내 주었다.

수요일 8시간 종일 타임 강사로 신용준 대표가 왔다. 브레이크 타임에 그는 강사에 도전한 이야기부터 강사로서 어려웠던 이야기, 극복했던 방법을 이야기했다. 자전적 스토리를 풀어낸 것뿐인데 받아들이는 상황에서 단순한 동기 부여가 될 수 있고, 삶에 전환이 될 수 있는 법이다. 나에게는 전환의 계기였다. 신용준 대표 강의가 그랬고, 내 상황이 그랬다. '저 정도 도전해 보고 회사에 다닐지 강사를 할지 결정하자.'고 스스로 다짐했다. 강의가 끝나고 명함을 받아 갔다. 회사로 돌아와 감사 메일을 보내고 몇 차례 메일을 주고받았다. 강의와 메일로 용기를 얻어 업무 시간에는 일에 더욱 집중했고, 나머지 시간은 자기계발에 투자했다. 그렇게 1년이 지나 1인 기업 강사를 시작할 수 있었다. 3년 후 같은 직업으로 신용준 대표를 만나 공저를 시작했다. 짧은 시간에 집중적으로 집필해《인간관계가 답이다》를 세상에 내놓는다.

처음 만났던 날. 신용준 대표는 준비한 강의를 했고, 나는 그 자리에 있었다. 그날 강의는 단순한 지식 전달이 아니라 포기하지 않고 끝까지 갈 힘을 준 강의였다. 신용준 대표는 강의로 자신에 경험과 지혜를 나누어 주었고, 받아들인 사람은 큰 용기를 얻고 태도에 변화가 생겼다.

강사가 무대에 있다면 나누는 일이다. 누구를 죽여서 이기는 구조가 아니다. 나눔이 지식일 수 있고, 열정일 수 있고, 노하우일 수 있다. 분명한 건 내가 했던 강의를 통해 누군가 용기를 얻을 수 있다는 점이다. 이 나눔의 범위를 넓히는 방법 중 하나가 바로, 책이다. 누군가 내 책을 읽었다면 강의와 다른 변화를 줄 수 있다. 즉, 책을 통해 나누는 일이다. 책이 3,000부 팔렸다면, 3,000명에 또 다른 내가 남에게 나누는 일을 하고 있다. 강사의 본질이 나눔이며, 책도 나눔을 지향한다. 책 안에는 나의 지식, 경험, 노하우는 물론 삶의 용기와 많은 메시지를 넣는다. 책도 누구를 죽여서 독식하는 구조가 아니다. 나누고 함께 살아간다.

책은 강의와 다른 맛이 있다. 강의는 실시간이면서 휘발성이 강하다. 책은 독자와 호흡하는 동시에 온전한 메시지를 남길 수 있다. 여운이 있으며 충분히 사색할 시간도 준다. 또한, 지면에 한계가 없어 시간과 장소에도 구애받지 않는다. 수많은 직업 중에 생계를 해결하면서도 타인에게 나눌 수 있는 직업은 큰 복을 가진 직업이다. 강사는 강의를 통해 나눈다. 강사가 집필을 통해 나눈다면 더 많은 나눔을 실천할 수 있다.

새로운 기회는 개척하는 사람의 것

1인 비즈니스가 자리 잡으면서 1인 연구소도 폭발적으로 늘어났다. 1인 연구소는 과거 연구소 개념이 아니다. 연구를 위한 연구 시설이나 전문 연구자도 필요치 않다. 개인 사무실이 연구소며 자신이 연구원이다. 연구 분야는 알아서 정하고, 연구를 통한 수익 창출 역시 개인의 몫이다.

'무규칙이종접합완성 연구소', '취향저격의상 연구소', '패자부활응원 연구소', '은퇴수익형부동산 연구소', '묘비명제작 연구소', '힐링 글쓰기 연구소', '행복감정연구소' 등 다양한 이름에 개인 연구소가 존재한다. 이름만 들어도 콘셉트가 정확한 곳도 있고, 무엇을 하는 곳인지 알쏭달쏭하지만 웃음을 주는 연구소도 있다.

강사를 하고 있다면 연구소를 차렸거나 연구소를 가진 사람을 알고 있을 것이다. 연구소가 없다면 하나 차리면 어떨까? 사무실도 필요 없고, 사업자등록은 선택 사항이다. 블로그나 SNS를 통해 연구 분야를 꾸준히 올린다면 1인 연구소는 가동된다. 연구 분야는 멀리 찾지 말고 지금 하고 있는 강의 분야를 연구하고 자료를 공유하면 된다. 추가해서 개인 홍보도 넣는다면 의외에 시너지를 발생할 수 있다.

1인 연구소 등장과 함께 새롭게 등장한 타이틀이 있다. 바로, '1호'의 등장이다. 1호는 원조를 상징했지만, 어느 순간 1호란 말이 개인에게 붙여지기 시작했다. 1호 이름을 붙인다고 해서 공인된 검증 자료 제출을 요구하는 경우는 없다. 스스로 정하고 스스로 그렇게 부르면 된다. 이런 현상에 대해 비판적인 소리도 있지만 1인 미디어 등장과 1인 기업의 보편화로 확산 중이다.

다양성이 있는 사회는 건강한 사회로 발전할 수 있다. '개인 연구소', '1호' 등장은 다양성에 도움이 된다. 전문 기관이 연구할 수 없는 세세한 분야를 개인이 연구하고 대안을 제시해 준다. 그리고 다양한 분야에 전문가를 찾을 때 쉽게 찾을 수 있다. 개인 연구소, 1호는 유희와 전문가 사이에 있는 아마추어리즘의 새로운 기회라고 평가하고 싶다. 이 같은 새로운 기회는 스스로 개척하는 사람에게 주어진다.

중간 지대가 사라지고 있다는 이야기는 20세기 말부터 통했다. 20년이 지난 오늘날 피부로 느낄 수 있다. 특별하지 않으면 찾아주지도 않고, 기억하지 않으면 관심조차 주지 않는다. 중간 지대를 벗어나기 위해 일찍 자기 브랜드를 구축한 강사들은 시간이 지날수록 브랜드는 난공불락처럼 단단해졌다. 하지만 다양한 강의가 늘어나면서 새로운 기회도 계속 생기고 있다. 새로운 기회는 발 빠르게 브랜드한 사람이 선점할 수 있다. 선점에서 개인 연구소, 1호가 큰 도움이 된다.

새로운 기회를 준비하는 걸 넘어 처음부터 개척하는 강사도 있다. 윤선현 베리굿정리컨설팅 대표처럼 말이다. 정리는 일상이고 따로 교육이 필요 없다는 인식이 있을 때 언론 출연, 저서 출간, 강의 등으로 정리도 전문가가 필요하다는 인식으로 바꾸어 놓았다. 과거에도 정리 전문가는 있을 수 있지만, 윤선현 대표 등장으로 정리 컨설턴트가 알려지기 시작했다. 사람들 인식을 변화시키며 스스로 기회를 만들어 나갔다. 정리 컨설턴트처럼 새로운 분야를 개척하는 일은 강의 세계에서 종종 일어난다. 개척하는 일에 중요한 능력 중 하나는 의지와 방법이다.

앞에도 이야기했듯 강사의 수는 약 200만 명에서 250만 명으로 추정한다. 엄청난 숫자다. 지금도 강사 양성 과정을 통해 강사는 끊임없이 배출되고 있지만, 이 중 끝까지 살아남는 강사는 몇 명 없다. 살아남는다고 해도 경쟁자가 나타나 대체될 수 있다. 강사는 새로운 기회를 잡으면서도 지속시키려는 방법이 필요하다.

"○○○ 강의하면 ○○○ 강사다."

강사로서 브랜드 파워를 만들면 듣게 되는 말이다. 브랜드 파워는 실력과 방향이 결정한다. "불러주면 다한다."는 입문한 강사에게 통용된다. 강의에서 입문을 넘었다면 자기 강의가 있어야 한다. 방향이 불분명하면 전문성 없이 똑같은 강의와 몸값으로 세월만 보내는 강사를 볼 수 있다. 어느 분야든 자기 전문성 없다면 살아가기는 힘들어지고 있다. 전문성과 브랜드 파워를 만들기 위해선 방향이 우선이다.

이것저것 시도했다가 이도 저도 아닌 상황에 몰리는 경우가 있다. 그래서 방향이 중요하다. 1인 연구소, 1호 이름은 강사로서 방향을 정하는 일이다. 방향을 정하고 브랜딩 한다면 세상이 찾아주고 더 많은 기회를 제공한다. 여기에 브랜드 작업에 빠지지 않는 게 있다. 바로 책이다. 앞으로 브랜드에 관심 있는 사람이 늘어나면 책 출간도 늘어난다.

강사는 물론 삶을 적극 개척하고 싶은 사람을 만나면 출간을 꿈꾼다. 하지만 마음 한편에 권위 있는 사람 앞에서 책을 내야 한다는 두려움, 혼자 될 수 있다는 걱정이 밀려오는 것도 사실이다. 무슨 일을 시작하든 권위의 두려움, 시기 질투를 극복하지 못하면 아무것도 하지 못한다.

첫 강의를 시작할 때도 많은 두려움을 이기고 시작했다. 집필도 마찬가지다. 강의를 시작할 때처럼 두려움을 이기고 시작해야 한다. 모든 일이 그러하듯 새로운 기회를 잡는 사람이 있는가 하면, 기회가 온 지도 모르고 지나가는 사람이 있다. 준비된 사람만이 잡을 수 있다. 출간은 누구에게나 열려 있는 공평한 존재다. 펴내는 사람이 기회를 잡는 법이다.

새로운 기회는 개척하는 사람의 전유물이다. 기존 권위나 시기 질투를 겁내기에는 시간이 많지 않다. 청중은 끊임없이 새로운 강의를 원하고, 먼저 개척하는 사람이 청중이 원하는 강의를 할 수 있다. 개척할 때 내 이름으로 된 저서가 있다면 강의에 힘을 얻게 된다. 또한, 강의로 전할 수 없는 또 다른 매력을 책으로 전할 수 있다. 새로운 기회는 강의와 함께 책으로도 개척할 수 있다.

이 세상에 완성 또는 완료는 없다. 책 쓰기는 완성, 완료를 추구하는 과정일 뿐이다. 완성, 완료될 때까지 기다리기에는 시간은 나를 기다려 주지 않는다. 개척하겠다는 마음으로 시작하자. 개척은 끝을 보는 게 아니라 시작하는 일이다.

글로 표현하지 않는 명문장보다 글 표현한 미숙한 원고가 더 가치 있는 건 시작을 했기 때문이다. 주제를 정해서 목차를 만들고 층위를 배열하며, 일정한 주장과 사례가 있다면 책이 될 수 있다. 그러니 시작하자. 시작하는 사람이 전부를 얻는다.

제2부

강의를 저서로 바꾸는 5가지 기술

글쓰기도 언어의 범주다. 집필은 글쓰기를 체계적으로 정리하고 모으는 일이다. 저서를 1인 미디어 관점으로 바꾸자. 우리는 매일 쓰고, 읽기를 반복하고 있다. 관점 하나에 많은 일이 바뀌듯 글쓰기에 대한 관점을 바꾼다면 많은 변화가 찾아올 수 있다. 집필은 매일 하는 1인 미디어다.

제1장
청중이 원하는 게 콘텐츠다

강의는 자신 있고, 집필은 자신 없다

"말하는 건 자신 있는데 글로 쓰려니 정말 힘들어요."

10명 중 9명이란 표현이 맞을 정도로 강사에게 집필을 이야기하면 듣는 소리다. 충분히 공감한다. 해본 사람은 쉽지만 해 보지 않은 사람은 미지의 세계다. 책 쓰기 강의에서 "한 권도 안 쓴 사람은 있어도 한 권만 쓰는 사람은 없다."라 말한다. 한 권만 집필하면 미지의 세계가 확 열리는 법이다. 이 한 권을 쓰기 위해 많은 사람이 도전하고 좌절하며 출간하길 반복한다.

강사는 자신의 지식, 노하우, 경험을 말로 풀어내는 사람이다. 말을 '잘 한다.', '못한다.'여부가 아니라 말을 청중의 시각으로 얼마나 잘 풀어내느냐가 핵심이다. 한마디로 '그들(청중)의 언어'를 잘 사용하는 강사가 실력 있는 강사다. 여러 번 해 본 분야는 누구나 자신 있다. 강사에게 집필이 어려운 건 해보지 않아서다. 여기에 우리나라 쓰기 교육을 생각하면 두려운 건 당연하다. 이 역시해 보지 않아서다.

학창 시절 '독후감'하면 무엇이 떠오르는가? 쓰기 능력이 타고난 사람은 상을 준 좋은 기억이 있겠지만 대부분 좋은 추억은 아니다. 필자 역시 독후감 하면 안 좋은 기억뿐이다. 알림장에는 '원고지 10매 이상' 같은 준엄한 지시는 언제나 압박이었다. 놀기도 바쁜데 언제 책을 읽고 글로 남기는지 말이다. 개학 전날 일기와 함께 나를 힘들게 했던 괴물이었다. 시간이 흘러 고등학교 수업에 편성된 '쓰기' 과목은 수능시험 대비 문제집풀이 시간이었다. 논술을 따로 배우지 않으면 쓰기를 배울 기회가 없는 구조였다. 특정 목적을 가진 사람이 아니면 대입 위주 교육 환경에서 쓰기를 배우지 못했다. 강사는 물론 많은 사람이 쓰기를 두려워하는 이유는 배우지 못해서다. 배우지 않았으니 미지의 세계다. 쓰기도 어려운데 책 출간은 어불성설이었다. 이런 환경에서 반전이 일어났다. 바로 SNS의 등장이다.

SNS에는 자신을 알리기 위해 또는 정보를 공유하기 위해 아니면 은근 자랑하기 위해 사진과 글을 올린다. 이 작은 씨앗을 쓰기 두려움을 이기는 데 활용할 필요가 있다. 두꺼운 책을 한 번이라도 읽어본 사람은 다음에도 두꺼운 책을 읽을 수 있으며, 단편소설을 한 편이라도 써본 사람은 다음에도 단편소설을 쓸 수 있다. SNS에 사진과 함께 글을 주기적으로 올리는 사람이라면 더 긴 글쓰기에 도전할 수 있다.

쓰기를 체계적으로 배우지 않았지만, 우리는 SNS에 매일 글을 읽고, 쓰고 있다. 그러면서도 쓰기를 두려워한다. 두려운 이유는 간단하다. 멋진 문장, 화려한 글솜씨, 미사여구를 먼저 생각하기 때문이다. 쓰기에 형식적인 측면을 심각하게 고민한다. 전업 작가를 꿈꾸지 않는다면 형식적인 측면에서 조금 자유롭게 생각하자. 쓰기는 물론 모든 일이 형식에 치우치면 아무것도 하지 못한다.

투박하고 서툴러도 진솔한 문장이 독자의 울림을 준다. 사람들은 솔직한 글을 읽을 때 경계를 풀고 마음을 연다. 그리고 텍스트에 집중한다. 옆집에 있는 독자는 대문호의 글보다 투박하고 공감 가는 우리 글을 좋아할 수 있다.

서점에 가면 쓰기와 집필에 관한 이론서가 많다. 이론서는 지금 당장 쓰라고 종용한다. 사실 부자연스러운 모습이다. 준비가 안 된 상태에서 쓰기에 도전하면 좌절만 겪고, 실패의 기억만 갖게 된다. 쓰기의 시작은 자아의 소통이다. 자아와 소통이 안 된 상태에서 무조건 쓰라는 건 괴로움을 낳는다.

쓰기는 100% 남이 보게 하는 일이다. 자기 만족으로 끝낼 수 있다지만, 출간까지 이어지려면 세상에 내놓아야 한다. 얼마나 부끄럽고 겸손해질 일인가? 쓰기 훈련이 안 된 부자연스러운 상황에서 미친 듯이 쓴다고 될 문제가 아니다. 쓰기 자체는 시간과 비용은 물론 여러 가지 고통이 수반된다. 여기에 쓰지 않아도 생계에 문제가 없는 사람이 이 고통을 감내하고 쓴다는 건 어려운 일이다. 더욱이 쓰기는 일시에 늘지 않는다. 이론서 몇 권 읽었다고 쓰기를 잘하는 건 아니다. 그러니 어렵다.

쓰기 실력을 늘리기 위한 유일한 방법은 짧게라도 쓰기 시작해서 차츰 늘리는 방법이다. 그동안 당신이 쓰지 않은 이유는 쓰지 않아도 생계에 문제가 없기 때문이다. 앞으로 그럴 가능성이 높다. 생계에 영향이 없는데 누가 쓰기를 채근하겠는가. 채근할 사람도 없으니 짧은 글부터 시작해 차츰 실력을 늘리는 자연스러운 방법이다.

강의는 자신 있고 집필에 자신 없는 강사라면 처음부터 집필에 도전하지 말자. 최종 목적을 출간으로 두면서 과정에서는 출간을 잊어버리자. 책은 글쓴이의 주장을 꼭지별로 연결한 하나의 매개체다. 특정한 주제에 일관성을 가지고 각 장과 꼭지별로 글을 쓰는 작업이라 생각하면 된다. 이 작업을 위해 전제되어야 할 일들이 있다. 바로, 한 꼭지를 쓰는 힘을 길러야 한다. 안 해봐서 두

려울 뿐 꾸준히 한다면 누구나 가능하다. 단행본 기준으로 한 꼭지는 A4용지 10포인트로 2~3장 내외다. 특정 주제로 이 작업을 45~50번 한다면 단행본 원고 분량이 탄생한다. 원고를 모으면 출간할 분량이 완성된다.

필자는 많은 강사에게 SNS나 블로그를 활용하라고 말한다. 출간하고 싶은 주제를 출판 분량에 맞게 SNS나 블로그에 올리면 된다. 여기에 하나를 더 추천하자면 칼럼 기고가 있다.

지금 하는 강의를 집필 주제로 정한다. 원고 형식에 맞춰 45~50개 꼭지를 1년(52주) 동안 일주일에 하나씩 칼럼을 쓰고, 언론에 기고한다면 1년에 한 권씩 출간할 분량이 나온다. 그래서 많은 강사에게 칼럼 쓰기를 추천한다. 칼럼을 통해 독자 피드백 받을 수 있으며 출간 이전에 미리 홍보하는 효과도 낼 수 있다.

신문사를 알고 있다면 칼럼 연재가 가능한지 문의해 보자. 신문사는 신선한 칼럼을 원한다. 원고료를 주면서까지 신선한 칼럼이 필요하다. 원고료까지 받으면 금상첨화지만, 글을 꾸준히 쓸 수 있는 습관만으로 충분하다. 만약 신문사를 알지 못하면 지역 가까운 신문사와 접촉해 보면 된다. 독자 게시판이나 전화를 걸어 정중한 자기소개와 칼럼 계획서를 보낸다면 반응을 보인다. 이 방법을 '칼럼 기고 책 쓰기'라 부른다.

칼럼 기고 책 쓰기는 장거리 레이스다. 장거리 레이스에 자신 없다면 집필 준비가 끝난 후 최단 기간에 써야 한다. 집중과 몰입으로 쓰는 일이다. 자세한 방법은 뒤에서 다루겠다. 여기서는 무작정 집필에 들어가서 좌절하기보다 꾸준히 집필하는 방법을 이야기하고 있다.

필자도 세상에 내놓은 첫 글이 칼럼 기고였다. 평소 글쓰기를 해보지 않아서 A4용지 한 장 반 쓰는 데 5일이나 걸렸다. 닷새 동안 쓰고, 지우길 반복하면서 글쓰기에 재능이 없다는 걸 느낄 수 있었다. 하지만 힘들게 쓴 글이 신문지면에 나올 때 쾌감은 이루 말할 수 없었다. 당시 칼럼 쓰기를 거부했다면 지금처럼 책을 낼 수 있었는지 자문해 본다. 당시 편집장에게 글이 좋다 칭찬받으며 몇 편에 칼럼 기고를 요청받았다. 편당 5만 원에 부수입과 새로운 기회가 열리는 순간이었다. 집필을 위한 자연스러운 확장이며 개인 역사에 큰 변화의 시작이었다.

한 권도 내지 못한 사람에게 출간은 꿈이다. 집필에 자신이 없다면 시작부터 책 쓰기에 도전하지 말자. 특정 주제로 꾸준히 칼럼을 써 보자. 칼럼도 어렵다면 혼자 글을 쓰면서, 쓰기 자체에 두려움을 줄이면 된다. 두려움이 줄어들면 글을 세상에 내놓자. 중요한 건 꾸준함과 자신의 글을 드러낼 수 있는 용기다. 글이 쌓이다 보면 A4용지 2~3장이 나오고, 이 작업을 45~50개가 모이면 단행본 분량이 된다.

처음부터 집필에 들어가 좌절을 맛보는 일을 하지 말자. 이런저런 글을 모아서 엉성해도 1권을 써 보고 출간을 했다면 출간의 의미를 느낄 수 있다. 내 이름으로 된 책을 만지는 느낌은 평생 집필할 수 있도록 하는 매력을 지녔다. 평생 해야 일이다. 글쓰기 두려움부터 없애자.

지금 하는 강의가 책 쓰기 콘셉트다

서정현 작가의 《인생은 스토리 있는, 한 권의 책이다》에는 경영 컨설턴트이자, 작가 짐 콜린스의 《좋은 기업을 넘어 위대한 기업으로》의 탄생 배경이 나온다. 사업 방향을 고민하던 짐 콜린스는 멘토 피터 드러커를 찾아가 조언을 구한다. 밀려드는 컨설팅에 집중하는 게 먼저인지, 콘텐츠를 개발해 출판하는 게 먼저인지 묻는다. 멘토 피터 드러크의 답변이 이어진다. 그리고 회사를 세워 사업을 한다면 경제적으로는 성공할 것이고, 분별력과 힘을 가진 이들에게 영향을 미치고 싶다면 콘텐츠를 위해 노력하라는 답변을 받는다. 그러자 짐 콜린스는 컨설팅을 줄이고 경영서 집필에 전념한다. 그렇게 탄생한 책이 《좋은 기업을 넘어 위대한 기업으로》이다. 이어 《위대한 기업은 다 어디 갔을까》,《성공한 기업들의 8가지 습관》 등을 출간한다. 출간 부수가 늘어날수록 컨설팅 사업은 확장되었다. 그는 직장인 연봉이 넘는 강의료를 자랑하며 세계를 누비고 있다.

'사업 집중'과 '콘텐츠 개발'. 두 가지 선택 사항에서 짐 콜린스는 콘텐츠 개발을 선택했다. 선택은 탁월했고 꾸준히 실천했다. 지금은 누구도 넘볼 수 없을 정도로 유명인이 되었다. 강사도 비슷한 입장이지 않을까? 사업 집중과 콘텐츠 개발 중 어느 것에 집중할지 말이다. 강사에게 둘 다 중요한 존재다. 어느 것이 우선순위라 말할 수 없다. 성공한 강사를 만나 둘 중 무엇을 먼저 해야 하는지 물어봐도 정확히 말하지 못한다. 강사에게 둘 다 중요하다는 뜻이다. 하지만 짐 콜린스의 사례를 생각하면 콘텐츠 개발이 우선이라는 조심스러운 생각이 든다. 콘텐츠가 비약한 상태에서는 청중에게 내놓을 것이 부족해 실망만 줄 수 있다.

강사가 강의 콘텐츠를 책으로 낸다면 여러 가지 장점이 있다. 강사는 청중이 독자고, 독자가 청중이다. 청중을 연구하듯, 독자를 연구할 수 있다. 제안서를 만들 때도 책을 뼈대로 제안서를 작성할 수 있다. 강의 제목을 만들 때도 책 제목으로 넣으면 된다. 다른 직업보다 책 홍보가 유리하다. 이런 장점 말고도 강사에게 책은 많은 장점이 있다. 여러 직업을 코칭하며 강사 직업이 책 활용 범위가 넓다는 것을 알 수 있다.

여러 가지 장점 때문에 많은 강사가 책 쓰기 대열에 합류하고 있다. 출간을 꿈꾸는 사람이 많아진 것이다. 강의나 코칭으로 강사를 만나면 집필에 대한 욕망이 어느 직업보다 강하다. 하지만 시작 단계인 콘셉트부터 정하지 못해 어려워한다. 콘셉트부터 정하지 못하면 시작도 하지 못 한다. 강사에게 책 콘셉트는 누구보다 가까이 있다. 바로 강의 콘셉트다.

강사는 자기 강의가 있다. 그 강의가 책을 쓸 콘셉트다. 강의할 콘셉트가 있다는 건 청중보다 콘셉트를 장악했다는 뜻이다. 강의에서 자신감만큼 중요한 요소도 없다. 알지 못하면 자신감이 나오지 않는다. 집필에서 자신감 있는 주제를 써야 한다. 그래야 할 말이 넘친다.

집필에서 좌절을 많이 겪는 이유는 콘셉트에 대해 할 말이 많지 않아서다. 단행본을 펴내기 위해선 A4용지 100장이 있어야 한다. 써 보지 않은 사람이 집필하기에는 힘든 분량이다. 여기에 콘셉트 지식마저 빈약하다면 몇 장 쓰다 포기하고 만다. 현재 강의하는 분야는 청중보다 많이 알고 있는 분야다. 멀리서 찾지 말자. 지금 하고 있는 강의가 집필의 콘셉트다.

청소년 진로와 열정, 긍정 메시지를 던진 조정제 저자의《좁은 문 앞에서》란 책이 있다. 부제는 '갈팡질팡하고 있는 10대들을 위한 진로 탐색 길잡이'로 10대를 주 독자로 했다. 집필 당시 조정제 저자는 24살로 대학교 4학년이었다. 집필에 들어가기 전 자신 있게 할 메시지가 무엇인지 고민했다. 결론은 전공이 아니었다. 자신이 경험했고 아쉬워했던 10대 시절이었다. 10대 시절 진로 결정과 시간 관리가 얼마나 중요한지 잘 알고 있으며 해결책도 알고 있었다. 즉, 콘셉트를 장악했다. 그래서 10대에게 중요한 '자아', '진로', '자신감', '열정', '긍정'이란 키워드를 가지고 집필에 들어갔다. 원고 구성은 독서와 강의에서 얻은 인물 사례를 펼쳤고, 10대 시절 자신의 경험도 넣었다. 경쟁 도서 공부 후 3개월간의 집필을 마치고 투고했다. 계약을 마치고 2개월 후《좁은 문 앞에서》가 출간되었다. 조정제 저자는 직접 경험도 했고, 공부도 했으며, 강의도 했던 10대 콘셉트로 집필했다. 만약 다른 콘셉트로 집필했다면, A4용지 100장 넘게 채우지 못했을 일이다. 자신감 있고, 강의도 하는 콘셉트를 선택했기에 100장을 채웠다.

책 쓰기 상담이나 컨설팅을 하다 보면 콘셉트를 먼 곳에서 찾는 경우를 자주 본다. 대부분 멋있어 보이고 싶은 주제를 찾는다. 최근 출판계에 인문학 열풍이 불면서 인문 분야를 집필하고 싶다는 말을 자주 듣는다. 중요한 건 인문학을 일정 분량으로 집필할 수 있는지 여부다. 그리고 독자 눈높이에 맞춰서 써

낼 수 있는지 고민해야 한다.

책은 일정 분량을 채워야 책이 된다. 원고 분량을 적게 잡는다 해도 주제를 장악하지 못하면 구성 자체를 못 한다. 제대로 장악하지 못한 상태에서 무작정 집필한다면 몇 장 쓰다가 지친다. 멋있어 보이는 주제로 무작정 도전했다가 원고 완성을 하지 못하는 경우가 많다는 점을 알자.

강사가 집필이 유리한 건 자신만의 강의가 있기 때문이다. 멀리서 찾지 말자. 지금 강의하고 있는 주제로 도서 검색을 해 보자. 관련 책이 분명 있다. 기존 책에 자신의 독창성을 넣으면 된다.

코칭을 나가 콘셉트 결정에서 강사 직업에 자주 듣는 걱정이 있다. 정리하면 크게 세 가지다.

첫 번째는 '이미 흔하게 출간된 책'이라는 생각이다. 흔하게 있다는 뜻은 시장이 형성되었다는 뜻이다. 듣지도 못했고, 보지도 못했던 건 거부감을 일으킨다. 많이 출간된 콘셉트는 독자에게 매력 있는 콘셉트라는 증거다. 시장에 없는 주제를 찾기보다 형성된 시장에서 어떻게 하면 자기 색깔을 보일까 고민하는 게 좋다.

두 번째는 '독자에게 먹힐까?'라는 생각이다. 집필할 콘셉트는 청중이 반응하고 호응을 했던 강의다. 청중이 독자고, 독자가 청중이다. 청중의 반응이 좋았다면 콘셉트로 가치 있다. 강의 내용을 글로 바꾸면 된다. 독자에게 먹힐까 판단하는 건 독자의 몫으로 남겨두자. 진인사대천명(盡人事待天命)이라 했듯 온 힘을 다해 집필하고 독자 평가를 기다리면 된다.

세 번째는 '권위 있는 사람도 많은데 창피함을 당하지 않을까?'이다. 100명이 모이면 100명 인생이 다르다. 권위 있는 사람도 자신이 살아온 프레임대로 책을 풀어낸다. 모두가 다르게 살아왔으니 다른 프레임 있다. 그 프레임을 사용해 집필하면 된다. 창피함 없이 진보도 없다. 창피당할 각오로 시작하자. 누군들 처음부터 잘할까. 그리고 내가 가진 프레임이 독자에게 더 사랑받을 수 있다. 그 판단을 독자에게 맡겨라.

강사는 시간이 부족한 직업이다. 오후 강의가 있다면 하루를 투자해야 한다. 출퇴근이 있는 직장인처럼 일정한 패턴으로 살아가기 힘들다. 멋있어 보이는 콘셉트를 공부해서 집필하기에는 시간상 한계가 있다. 그래서 잘 아는 분야로 집필해야 시간을 아낄 수 있다. 만약 집필까지 연결되는 강의를 찾지 못했다면 다음과 질문으로 콘셉트를 찾아보자.

① 강의에서 반응이 좋은 청중 연령은?
② 학교, 공공기관, 단체, 복지관, 회사 등 자신 있게 강의했던 장소는?
③ 개인 연구소를 차린다면 무엇을 연구할 것인가?
④ 특정한 주제로 30권 이상 독서를 한 주제가 있다면? (강의로 끌고 올 수 있는 주제로만)
⑤ '전문가' 그 이상의 소리를 듣고 싶은 강의가 있다면?

출간으로 연결하는 콘셉트는 멀리 있지 않다. 잘하고 좋아하는 강의를 선택하면 된다. '이미 많이 출간되었다'고, '독자가 읽어줄까?' 고민하고, '권위 있는 사람이 많다.'는 생각에 나와 맞지 않는 주제를 찾지 말자. 다른 주제는 어울리지 않는다. 어울리는 주제로 집필해야 책에 생명력이 살아난다. 지금 하는 강의가 책 쓰기 콘셉트다.

비슷한 콘셉트의 경쟁 도서를 연구해라

《1인 미디어 집필 수업》출간 이후 원고 검토 메일을 받을 때가 있다. 모두가 바쁜 시간을 쪼개서 쓴 원고임을 알 수 있다. 내용을 떠나 자신과의 약속을 지킨 것만으로도 충분히 가치 있다. 문제는 분량부터 내용까지 기초적인 부분도 맞지 않는 원고가 많다. 여기에 어떤 메시지를 던지고 싶은지도 불분명하다. 검토하는 입장에서 속 시원하게 "출판사에서 받아 줄 수 있습니다."를 말하고 싶지만 그렇지 못한 원고가 대부분이다. 원인은 간단하다. 주제나 콘셉트를 정한 후 공부 없이 집필에 들어갔기 때문이다. 빨리 출간하고 싶다는 생각에 사로잡혀 선행학습이 이루어지지 않았다. 최소한 비슷한 주제나 콘셉트를 다룬 책을 읽었다면 경쟁력 있는 원고가 나올 수 있는데 안타까울 때가 많다.

첫 강의를 떠올려 보자. 완벽히 새로운 주제로 강의하지 않았다. 대부분 먼저 강의했던 강사를 보고 배운다. 여기에 자기 색깔을 넣는다. 첫 강의 준비할 때를 떠올리며 집필 준비를 하면 된다. 그 시작이 경쟁 도서 공부하기다.

경쟁 도서를 공부할 때 집필 콘셉트를 정해야 한다. 콘셉트 하면 떠오르는 키워드가 몇 개 존재한다. 키워드를 입력해 도서를 검색하면 된다. 많은 책이 쏟아져 나온다. 도서관 대여보다 경제적 출혈이 있어도 구매를 추천한다. 경쟁 도서에는 메모도 해야 하고 필요할 때 수시로 읽어야 하기 때문이다. 경쟁 도서를 최대한 많이 읽고, 분석하면 좋지만, 시간과 비용에는 한계가 있다. 콘텐츠를 직접 다룬 10~30권 정도가 충분하다. 만약 콘셉트를 직접으로 다룬 경쟁 도서가 적다면 논문을 찾아보는 일도 좋다.

경쟁 도서 연구에서 베스트셀러, 스테디셀러를 적절히 배분해야 한다. 포털 사이트를 보면 베스트셀러와 스테디셀러를 구분해놓고 있다. 베스트셀러는 트렌드를 말해주므로 목차 안에 키워드와 내용 구성을 연구하면 된다. 스테디셀러는 오랜 시간 사랑을 받은 책이기에 콘셉트에 대해 본질적으로 다룬 내용이 많다. 집필하고자 하는 콘셉트의 본질을 스테디셀러를 통해 공부할 필요가 있다.

스피치 기법 책을 출간한 K 강사의 이야기를 해 보겠다. 처음 스피치 관련 책이 1,500권이 넘는다는 사실에 놀랐다. 1,500권이 넘는 책 중에서 무엇을 더 말할 수 있는지 모르겠다며 답답함을 이야기했다. K 강사에게 많이 출간되었다는 뜻은 시장이 넓다는 발생의 전환을 시켰다. K 강사의 강의를 청강하면서 다른 스피치 강사보다 '진정성'을 많이 강조한다는 점을 알았다. 스피치 스킬도 중요한 요소지만 진정성을 부각하는 콘셉트를 추천했다.

K 강사에게 관련 키워드를 메모시켰다. '스피치', '설득', '화술', '대중 공포', '경청' 같은 키워드와 '진정성'이 나왔다. 스피치 관련 베스트셀러와 스테디셀러를

독서시켰다. 베스트셀러는 유명강사의 책을 구매했고 스테디셀러는 《설득의 심리학》, 《적을 만들지 않는 대화법》, 《3분 스피치》등이 나왔다. 베스트셀러에는 보이스, 제스처 등 스피치 기술을 다루었다. 스테디셀러에는 언어의 의미, 역지사지 발상 등을 이야기한다. 목차를 구성할 때 둘을 적절히 배분하는 목차를 만들었다. 여기에 K 강사의 진정성에 대해 깊이 있게 이야기할 수 있는 부분을 추가했다. 베스트셀러를 통해 현재 독자가 원하는 키워드와 기법을 넣을 수 있었고, 스테디셀러를 통해 독자에게 사랑받는 스피치의 의미를 담을 수 있었다.

K강사 경쟁도서 분석
콘셉트 스피치의 기본 마인드 진정성
경쟁 도서 연구 베스트셀러 《아트스피치》 - 김미경 대표의 브랜드 파워, 음악 전공 연결
　　　　　　　　《떨지 않고 말 잘하는 법》 - 단계별로 발표법 제시, 실용성
스테디셀러 《설득의 심리학》 - 사례의 풍부성과 이론적 근거
　　　　　　　《3분 스피치》 - 잠재의식 등 마인드를 주로 제시함

　이와 같은 선행학습이 필요하다. 경쟁도서 공부를 귀찮아하는 사람이 있다. 유아독존(唯我獨尊) 발상이다. 공부 없이 무작정 달려드는 사람은 끝까지 갈 힘이 부족하다. 경쟁도서를 연구할 때 독자의 눈보다 연구원 마음으로 바꿔야 분석을 할 수 있다. 다음은 경쟁도서를 공부할 때 연구원 마음으로 질문을 던져보자.
① 조금 더 나은 제목이 없을까?
② 목차를 재구성한다면 어떻게 했을까?

③ 책에서 흥미로운 부분과 지루한 부분은?

④ 내 원고에 적용할 부분은?

⑤ 서론, 본론, 결론을 어떻게 구성했는지?

⑥ 독자에게 사랑받은 이유 혹은 사라진 이유

　던진 질문을 여백에 기록하거나 노트 한 권에 기록하는 게 좋다. 번거로운 작업이라 생각하지 마라. 당신은 후발 주자다. 후발 주자의 장점을 100% 활용할 필요가 있다. 그리고 후발 주자로서 자기 색깔을 보여야 한다. 그 색깔이 기존의 책과 아주 다르면 거부감 일어날 수 있다. 기존 색깔을 수용하면서 자기 색깔을 내야 한다. 그 시작이 경쟁 도서 분석이다.

저서를 1인 미디어 관점으로

어떻게 바라보는가에 따라 우리의 태도는 천차만별로 변한다. 천재 화가 레오나르도 다빈치가 그린 '모나리자'는 세기의 미소라 불릴 만큼 찬사를 받은 작품이다. 찬사만큼이나 많은 풍문과 신비로움을 담고 400년간 범접할 수 없는 미술품으로 여겨왔다. 적어도 1919년 'L.H.O.O.Q'라는 작품이 세상에 나오기 전까지 말이다.

변기를 전시장에 갖다 놓고 예술품이라 말했던 마르셀 뒤샹은 모나리자에 자신의 콧수염 모양은 본뜬 그림을 전시한다. 작품 이름은 'L.H.O.O.Q'로 프랑스 발음으로 '그녀의 엉덩이는 뜨겁다'였다. 다빈치라는 권위와 소수 엘리트 전유물로 생각했던 미술품에 뒤샹이 도전한 일이다. 모나리자는 신성한 존재가 아니라 그림으로 보자는 뒤샹의 관점 변화다. 여기에 미술은 소수 엘리트 특권이 아니라는 메시지도 포함되었다. 뒤샹의 작품 이후 모나리자는 끊임없이 패러디를 낳았고 지금은 친숙한 작품이 되었다. 뒤샹은 다빈치를 신(神)이 아니라 사람으로 보자는 관점 변화에 강한 메시지를 남겼다.

한 사람의 관점 변화는 세상의 흐름을 바꿔 놓았다. 우리가 쉽게 생각하고 행동하는 것 중 과거에는 상상도 하지 못할 일들이 있다. 예를 들어 물을 사 먹는 일 같은 것 말이다. 과거 '책(册)'은 엘리트 전유물이었다. 인쇄술 발전으로 책은 누구나 읽을 수 있는 도구가 되었다. 몇 년 전부터 자비 출판, 전자 출판, 1인 출판사 등 출간 장벽이 낮아지면서 누구나 출간할 수 있는 시대가 되었다. 뒤샹이 모나리자를 사람이 만든 작품으로 봤듯 출간도 1인 미디어 관점으로 본다면 어려운 존재는 아니다.

글쓰기가 두려운 이유 중 하나는 자신의 지적 수준을 남에게 보여 준다는 부담이다. 잘 써야 한다는 압박을 이기지 못한다. 자기만족으로 글을 써도 다른 사람이 읽어줘야 자기만족이 생긴다. 나의 지적 수준을 남들에게 보여준다는 건 사실 대단한 용기다. 책 내용과 수준을 떠나 지금 서재에 있는 책 모두 대단한 용기로 집필된 책이다. 자신의 지적 수준을 만인에게 보여주고 있기 때문이다.

필자도 지적 수준을 보여야 하는 두려움이 있다. 하지만 출간 후 생기는 삶의 변화를 잘 알기에 원고를 쓰고 있다. 두려움을 이기는 방법은 출간을 1인 미디어 관점으로 변화하는 일이다. 우리가 매일 쓰고, 올리고, 댓글을 다는 1인 미디어의 관점 말이다.

2004년 대한민국에는 UCC(User Cerated Contents)란 단어가 유행했다. '사용자 제작 콘텐츠'란 뜻으로 언론이나 기업이 아닌 개인이 콘텐츠를 만들어 인터넷에 올리며 영상을 생산과 소비를 동시에 한다는 뜻이다. 2004년은 UCC로 수익을 창출할 수 있는 플랫폼이 부족한 상태였지만, 1인 미디어 등장을 예고하기에는 충분했다. 이후 블로그, 페이스북, 트위터, 카카오스토리 등이 등장하며 개인은 나만의 미디어를 갖기 시작했다. 시간이 흘러 아프리카 TV의 등장으로 실시간 소통이 가능한 1인 미디어가 구축되었다. 스마트폰 하나면 나만의 채널과 나만의 미디어를 만들 수 있다. 제작 비용은 0원에 가깝고, 남녀노소할 것 없이 미디어를 가지고 자신을 표현할 수 있다. '대도서관', '허팝', '김이브' 등 연예인 못지않은 인기와 수익을 창출하는 스타들도 탄생하였다. 지금은 많은 사람이 1인 미디어를 가지고 취미나 수입원으로 활용하고 있다. 이런 현상을 보며 '1인 미디어 전성시대'라고 말할 수 있다.

1인 미디어 전성시대에 대접받는 기술 중 하나가 글쓰기 기술이다. 아침에 일어나면 SNS에는 수필, 시, 좋은 글, 명언을 정리한 글들이 쏟아진다. 직접 쓴 글도 있고, 어디서 퍼 나르기 한 글도 있다. 블로그에도 자기 생각을 담은 글을 쉽게 볼 수 있다. 페이스북에는 풍경 사진, 일상 사진, 업무 사진과 글을 함께 넣는다. 어떤 글은 수준이 매우 높아 읽는 사람에게 '좋아요'를 받거나, 많은 댓글을 받는다. 여기서 댓글 쓰기도 글쓰기다. 1인 미디어 등장으로 우리는 매일 글을 읽고, 글을 쓰고 있다. 하루에도 특정한 주제로 글을 쓰고 남 보라고 올린다. 그리고 누군가의 평가를 목말라한다.

매일 같이 글을 쓰고, 글을 읽는다는 사실을 알지 못한 채 글쓰기가 두렵다고 말한다. 글을 모아 책을 낸다는 일은 더 두렵고 겁난다고 한다. 매일 같이 읽고, 쓰고, 평가하는 데 말이다.

강사는 나를 알리는 문제에 봉착한다. 나를 알리지 않으면 남들이 나를 알지 못한다. 조직을 벗어난 강사 대부분 1인 미디어가 존재한다. 1인 미디어에 빠지지 않는 게 쓰기다. 1인 미디어가 있다면 매일 쓰고 있다는 사실을 자각하자. 이 관점이 저서를 1인 미디어로 보자는 관점이다.

NCS를 기반으로 대학교 취업 강의를 전문적으로 하는 P 강사가 있다. 그의 1인 미디어는 블로그와 페이스북이다. 블로그에 글을 올리고 페이스북에 연동시킨다. P 강사의 1인 미디어 콘텐츠는 딱 두 가지다. NCS 정보와 강의 후기다. 꾸준히 올라온 글을 보면 성실함을 느낄 수 있다. 포스팅 하나하나에 NCS의 중요한 정보가 있어 취업 정보가 필요한 사람은 유용한 블로그다. 방문자도 많고 자신의 전문성을 표현하고 있다. 마지막에는 강의 후기를 올리고 강사로서 바쁜 시간을 보내고 있음을 보인다.

P 강사에게 블로그 포스팅을 뼈대로 집필을 제안했다. 블로그 대분류만으로 목차로 나올 수 있는 내용이었다. 처음에는 부담을 느꼈다. 블로그 내용에 살을 붙이고 성공 사례를 넣으면 출간할 수 있는 분량이 될 거라고 설득했다. 망설이는 P 강사에게 블로그 포스팅을 활용해 집필을 어떻게 하는 직접 보여주었다. 취업 성공 사례와 이론 그리고 P 강사의 생각을 넣으니 A4용지 두 장이 채워졌다. 이 작업을 40번~50번 한다면 원고 분량이 될 수 있다고 설득했다. 그리고 NCS 경쟁도서 대부분은 교재 형식이라는 점도 강조했다. 강의하면서 직접 체험한 사례 위주로 펼친다면 재미있게 읽을 수 있다며 자신감을 넣었다. 설득은 주효했고 그는 열심히 집필 중이다. 그가 블로그에 글을 올리지 않았다면 집필은 막연한 희망 사항으로 남을 수 있었다. 하지만 블로그를 1인 미디어 관점으로 바꾸면서 변화가 일어났다.

1인 미디어로 수익을 올리는 사람을 만나보면 성실성과 방문자를 사로잡는 콘텐츠가 있다. 강사는 자신만의 강의가 있으며 꾸준히 공부한 사람이다. 강의 콘텐츠를 자기 것으로 만들었다는 뜻이다. 출간을 1인 미디어 관점으로 바꿔보자. 출간이 위대한 학자나 특별한 삶을 산 사람들의 전유물이 아니다. 일반인도 출간을 하고 있으며 시스템 역시 잘 갖춰진 상태다.

하루를 돌아보자. 아침부터 저녁까지 '언어' 범주에서 살았다. 글을 읽고, 대화하며 강의했다. SNS에 글을 올리거나, 타인의 글에 댓글을 달았다. 1인 미디어가 있다면 포스팅을 하거나 자기 생각을 일목요연하게 기록했다. 이렇듯 우리는 매일 언어 범주에 살고 있다.

글쓰기도 언어의 범주다. 집필은 글쓰기를 체계적으로 정리하고 모으는 일이다. 저서를 1인 미디어 관점으로 바꾸자. 우리는 매일 쓰고, 읽기를 반복하고 있다. 관점 하나에 많은 일이 바뀌듯 글쓰기에 대한 관점을 바꾼다면 많은 변화가 찾아올 수 있다. 집필은 매일 하는 1인 미디어다.

제2장
제목과 목차는 강의에 있다

청중에게 주는 임팩트가 제목이 된다

강의 계획서를 작성할 때 고민하는 건 강의 제목이다. 강의 콘텐츠가 좋아도 강의 제목이 매력적이지 못하면 관심을 끌지 못한다. 필자 집 근처에 규모가 큰 문화센터가 있다. 이곳에서 강의했었다. 공개 강의가 그러하듯 사람을 모으지 못하면 강의를 열어주지 않는다. 사람을 모으기 위해 분투했던 기억이 있다. 지금은 청강하는 편으로 수강생 모집 시즌이면 어느 강의가 있나 찾아본다. 강의 중 관심 가는 강의는 강의 제목이 좋은 강의다. 같은 명리학도 '명리학 입문'보다 '명리학, 나를 알아가는 여정'에 더 눈이 가고, 같은 심리학도 '심리학 기초'보다 '바로, 써먹는 심리학'에 관심이 간다. 제목 따라 수강 신청을 클릭한다. 강의 내용이 좋고, 강사 수준이 높아도 제목이 좋지 않으면 청중은 외면한다.

강의 제안서는 강의 제목에 따라 당락이 좌우된다는 사실을 알 수 있다. 청중 연령과 직업, 담당자가 원하는 사항 등을 종합해 제목을 만들어야 한다. 공문서에 쓰는 제목처럼 썼다간 고리타분한 강사로 찍힐 수 있다. 전 국민 강사 시대가 열리면서 청중의 수준은 강사와 동등하거나 강사 실력을 뛰어넘는다. 흥미가 없으면 경력이 좋아도 두 번 다시 불러주지 않는다. 하물며 제목부터 고리타분하면 강의를 시작조차 할 수 없다. 책 제목도 강의 제목 만들기와 비슷하다. 원고 내용이 아무리 좋아도 제목에 흥미와 공감을 일으키지 못하면 독자는 관심조차 주지 않는다.

책은 제목이 생명이다. 출판사는 좋은 제목을 만들기 위해 밤낮없이 분투한다. 같은 내용도 제목에 따라 판매량이 달라지니 서점 직원, 카피라이터, 주변 지인 할 것 없이 좋은 제목을 물어본다.

서점에 가면 기가 막힌 제목을 볼 수 있다. 한 번 더 손이 가고 구매까지 이어진다. 필자도 제목을 만들어 내는 사람으로 기가 막힌 제목을 볼 때마다 부럽고 시샘이 날 때가 있다. 제목에 시샘까지 내는 건 제목이 책에 생명이기 때문이다.

책 제목만 읽는데 0.3초가 걸리고 부제는 3초, 카피는 10초가 걸린다고 한다. 독자는 3초 동안 열권의 제목을 읽는다. 0.3초 안에 독자 시선을 끌어야 책이 팔린다. 제목은 0.3초 안에 매력을 발산해야 한다.

제목의 중요성은 누구나 알고 있다. 하지만 첫 책을 쓰는 사람에게 0.3초 안에 독자를 사로잡는 제목을 만들기는 쉽지 않다. 우선 집필 초반부터 제목에 함몰될 필요는 없다. 집필 시작 전 제목은 가(假)제목이다. 임시 제목일 뿐이다. 지인 강사는 제목 만들기에 두 달을 투자했다. 두 달 동안 제목만 만들다 집필 의지는 꺾이고 결국, 원고를 쓰지 못했다. 출간 직전까지 제목은 임시제목일 뿐이다. 책 제목은 출간 직전에도 바뀔 수 있다. 제목 만들기에 함몰되어 에너지를 뺏기는 일은 없어야 한다. 원고를 쓰면서, 퇴고하면서, 출간 직전까지 제목은 바뀔 수 있다. 말 그대로 임시 제목을 만드는 일이다. 가벼운 마음으로 생각하자.

상담하다 보면 제목을 먼저 만들고 원고를 써야 할지, 원고를 쓰고 제목을 만들어야 할지 고민하는 사람이 있다. 결론부터 말하면 제목을 먼저 만들어야 한다. 제목은 책의 예상 독자, 콘셉트, 핵심 메시지를 함축적으로 들어낸다. 예를 들어 제목에 '10분'이란 키워드가 있다면 원고 내용과 사례는 10분 키워드에만 집중된다. 제목 없이 무작정 쓴다면 콘셉트는 있을 수 있어도 '10분' 같은 명확성은 떨어질 수 있다. 제목을 먼저 만들어야 한다.

제목은 흥미가 기본이다. 흥미는 내 기준이 아니라 독자의 기준이다. 책은 100% 남 보라고 쓰고, 제목도 100% 남 보라고 만든다. 독자를 위한다는 생각은 금물이다. 독자의 눈높이에서 만들어야 한다.

흥미는 '참신성'과 '공감'의 적절한 분배다. 참신성만 높이면 이질성 강해져 거부감을 일으킬 수 있다. 공감에만 높이면 식상한 제목을 낳을 수 있다. 참신성, 공감 두 마리의 토끼를 잡기 위해선 제목과 부제의 적절한 조합이 필요하다.

제레드 다이아몬드의 《총균쇠》란 책이 있다. 제목으로는 무슨 내용인지 알 수 없어도 참신한 제목이다. 부제로 무슨 내용인지를 보강한다. '무기 병균 금속은 인류의 운명을 어떻게 바꿨는가, 퓰리처상 수상작'으로 되어 있다. 참신한 제목과 콘셉트를 알 수 있는 부제로 스테디셀러 명성을 이어가고 있다. 법륜스님의 책 《방황해도 괜찮아》를 보면 따뜻한 공감을 느낄 수 있는 제목이다. 하지만 방황의 대상이 명확하지 않다. 그래서 '법륜스님의 청춘 멘토링'이란 부제로 조합을 이루고 있다. 참신성과 공감을 제목과 부제로 적절히 조합한다면 흥미로운 제목을 만들 수 있다.

그럼 제목의 아이디어를 어디서 얻어야 할까? 멀리 찾지 말고 강의에서 찾자. 강의제안서 안에서 찾아보고, 강의 PPT 안에서도 찾아보자. 부족하면 청중에게 수없이 했던 임팩트 있는 메시지 중 일부를 사용해도 좋다. 청중은 참신성과 공감이 있는 말에 반응한다. 청중이 독자며, 독자가 청중이 된다. 청중의 반응을 살펴보자. 그중 많이 반응했던 메시지가 무엇이고, 메시지에서 핵심을 잡아내서 제목을 만들면 된다. 강의 제안서, 강의 PPT, 강의 메시지를 돌아보며 제목을 고민해 보자.

다음은 필자의 '제목 만들기' 강의 핵심을 정리한 내용으로 제목 만들기에 적용해 보자.

시트로 제목 만들기

자녀 독서법을 콘셉트로 한다면 제목 안에 들어갈 키워드를 시트로 정리해서 배열한다.

독서가	아이를	천재로 만든다
독서가	자녀를	천재로 만든다
독서가	당신의 아이를	천재로 만든다
독서가	당신의 자녀를	천재로 만든다
책 읽는 습관이	아이를	꿈꾸게 한다
책 읽는 습관이	자녀를	꿈꾸게 한다
책 읽는 습관이	당신의 아이를	꿈꾸게 한다
책 읽는 습관이	당신의 자녀를	꿈꾸게 한다

이 중에서 입에 붙는 제목을 선정하면 된다. 방법은 "안녕하세요.《책 읽는 습관이 아이를 꿈꾸게 한다》의 저자 ○○○입니다."처럼 읽어보고 발음하기 편한 제목을 추천한다. 앞에도 이야기했던 0.3초 안에 독자를 잡는 제목은 간결하고 명쾌하다.

나만의 해결책을 주는 콘셉트

예상 독자가 명확하고, 해결책을 주는 책은 시간, 금액, 단계 등 숫자로 제목을 만든다.

《워킹맘 홈스쿨, 하루 15분의 행복》,《1억 버는 공부방의 비밀》,《1억 모을래? 그냥 살래?》《500만 원으로 결혼하기》,《아마존 지금 해야 10억 번다》,《아침 1시간 노트》,《퇴근 후 3시간》

명확한 숫자를 제시함으로 독자의 흥미와 실용성을 끌고 온다. 제목에 숫자를 넣을 수 없다면 부제를 통해 넣는 방법이 좋다. 독자를 설득하는데 숫자는 공신력과 매력을 가진다.

동기 부여나 행동 유발을 주는 콘셉트

눈에 보이지 않지만, 마음의 변화를 일으키는 핵심 키워드 한 가지를 추려내자.

콘셉트 홀로행복

사람 관계, 경제적 독립, 욜로족, 휴휴방방, 2030, 취미 생활, 혼밥, 혼술, 혼족, 혼자 사

는 즐거움, 미니멀라이프, 졸혼, 웰다잉

이 키워드를 시트로 제목 만들기에 적용하면 된다. 좋은 문구를 인용하는 방법도 있다. 동기 부여나 행동 유발 책 중에는 좋은 문구를 패러디한 것도 다수 존재한다.

처음 만든 제목은 최종 제목이 아니다. 가제목을 만드는 일이다. 집필하면서, 퇴고하면서, 디자인하면서 제목은 바뀔 수 있다. 독자 마음에서 제목을 만든다는 마음만 잘 챙겨서 제목을 만들어 보자.

문제를 던지고 해결책을 주는 게 목차다

"1인 기업은 지금 하는 일에 딱 2배 더 일하면 됩니다."

직장인 시절. 선배 1인 기업의 조언을 듣고 이해가 가지 않았다. 퇴사 후 1인 기업을 시작하면서 격하게 공감 가는 부분이다. 파트너와 함께할 수 있어도 최종결과는 내 몫이다. 부족한 부분은 직접 채우고 책임도 직접 져야 한다. 그러다 보니 시간의 아쉬움이 많다. 특정 업무에 몰입하면 반나절이 흘러 다른 업무를 하지 못한다. 미팅도 몇 번만 하면 하루가 흘러간다.

독서도 시간 개념이 적용된다. 업무 특성상 문학보다 비문학을 많이 읽는 편이다. 비문학도 이른 시일 안에 원하는 정보를 찾아내기 위해 목차를 보고 원하는 정보를 찾는다. 이 중 몇몇 책은 목차 전체가 매력적이라 시간을 만들어서 모두 읽는다. 아무리 바빠도 책을 끝까지 보게 하는 건 목차의 매력 차이다.

저자라는 이름 때문인지 강의에서 좋은 책 고르는 법을 묻는 청중이 있다. 사실 좋은 책, 나쁜 책의 기준은 없다. 책 안에 새로운 정보와 새로운 관점이 많은가 적은가의 차이가 있을 뿐이다. 많은 정보와 새로운 관점을 주는 책을 고를 때 목차를 살펴보라고 조언한다. 목차를 보는 게 좋은 책을 고르는 방법인 셈이다.

목차 안에 원하는 정보가 있는지와 저자가 중구난방 하지 않고 체계적으로 말하는지를 볼 수 있기 때문이다. 이런 이유로 책 쓰기에서 목차는 독자를 끌어오는 매력을 가진다. 그럼 좋은 목차는 무엇일까?

"완성된 목차를 보고 설렘이 와야 한다."

강의에서 하는 말이다. 집필할 목차인데도 저자가 설렘이 없다면 독자는 말할 것도 없다. 목차는 흥미와 기대, 설렘이 있어야 한다. 전업 작가가 책 쓰기에서 가장 공을 들이는 부분이 목차다. 목차 따라 독자의 흥미를 끌고 올 수 있으니 공을 들여야 하는 건 당연하다. 좋은 목차는 설렘을 주는 목차다.

집필 관련 책이나 책 쓰기 강사가 목차를 강조하는 이유는 목차가 일목요연해야 부드럽게 집필할 수 있다. 또한, 메시지의 적절한 배분으로 원고를 만들 수 있기 때문이다. 그래서 목차에 많은 공을 들인다.

《1인 미디어 집필 수업》을 읽고 목차가 어떤지 조언을 구하는 메일이 온다. 조언을 해주는 사람으로 속 시원하게 좋은 목차라 말해 주고 싶지만 대부분 자기 성장기나 중구난방 목차가 많다. 방향도 정확하지 않으니 무엇을 말하려는지도 알 수 없는 예도 있다. 경쟁도서 목차 몇 권만 연구했다면 더 좋은 목차가 나올 것인데 아쉬울 때가 많다.

필자 경험상 강사 직업에서 만들어 오는 목차를 보면 'ㅇㅇㅇㅇ의 정의', 'ㅇㅇㅇㅇ이란 무엇인가' 같은 내용이 많다. 교재 출간은 모르겠지만, 교재를 벗어나 많은 사람이 읽기를 희망한다면 흥미를 끌 내용으로 만들어야 한다. 독자 입장을 생각해 보자. 책값이 14,000원이다. 14,000원 벌기가 쉬운가? 독자는 책 구매를 위해 고민하고 또 고민한다. 독자의 입장을 고민해서 목차를 만들자. 책은 100% 남 보라고 쓰고, 목차도 100% 남 보라고 만드는 일이다.

목차를 만들 때 강의 자료를 떠올려 보자. 강의를 만들 때 순서가 나온다. 시작은 어떻게 할 것이고, 사례는 무엇을 사용하고, 마무리는 어떻게 할지 말이다. 예를 들어 '자녀 소통'을 주제로 강의 PPT를 만든다면 시작부터 '자녀가 하는 게임 직접 해 보기' 같은 해결책을 넣지 않는다. 자녀와 소통이 어려워 답답해하는 부모 마음이나, 부모와 소통이 끊겨 생기는 문제점, 소통 부족에 대한 통계 등이 나온다. 순서를 풀어보면 다음과 같다.

강사 소개 → 아이스 브레이크 → 누군가의 사례 → 소통 때문에 생기는 문제 → 소통의 중요성 → 소통에 성공했던 가족 이야기 → 소통의 장점 → 소통을 잘하는 방법 → 마무리

문제를 제시해서 강의의 흥미와 필요를 끌어낸다. 목차 만드는 방법도 크게 벗어나지 않는다. 필자의 청소년 분야 책《10대도 행복할 수 있다》는 청소년 비전 강의를 녹여내 만든 원고다. 흐름을 보자.

1장 꿈꾸는 내가 행복이다 → 꿈이 행복을 만든다는 내용으로 꿈이 없는 10대 시절의 문제점을 이야기한다.
2장 나다움은 행복한 10대를 만든다 → 꿈과 행복은 나다움을 찾는 것에서 나온다는 점을 이야기한다.
3장 열정을 녹여 행복을 이끈다 → 내적 솔루션으로 행복과 열정에 관해 이야기를 한다.
4장 습관, 평생 행복을 부른다 → 외적 솔루션으로 독서를 하고 멘토를 만나기를 제시한다.
5장 10대, 행복이 우선 → 마무리 의미로 지속적 행복 방법을 담았다.

강의에서 문제만 쭉 늘어놓고, 해결책 없이 끝내는 강사는 없다. 또 강의 초반부터 왜 필요한지 공감을 끌어오지 않은 채 해결책만 쭉 나열하는 강사는 없다. 문제를 청중 눈높이에서 제시하고 왜 강의를 청강해야 하는지 공감을 이끌어낸다. 그리고 해결책을 제시한다. 이 프로세스를 '1시간', '8시간', '4주 과정' 같이 시간적 차이만 날 뿐이다. 목차 만들기도 문제 제기로 공감을 이끌고 해결책으로 마무리한다.

목차 만들기의 또 다른 방법이 있다. 컨셉트 특성상 목차가 [문제 제기→해결책 제시가 어렵다면 필자의 저서 《인간관계가 답이다》의 [키워드 목차 작성법]이 있다. 이 책은 직장이라는 범주로 인간관계에 대해 집필했으며, 처음 기획은 직장의 정치 기술이었다.

'직장' '정치'라는 콘셉트로 떠오르는 키워드를 뽑았다. 키워드를 뽑을 때 브레인스토밍을 했다.

미생, 실력, 성실, 갑을, 월급, 기획, 아부, 진급, 성과, 수습, 임원 생존, 등산, 주말 카톡, 인간관계, 술상무, 영업 이익, 정치술, 경쟁 사회, 직장 왕따, 경외심, 존경심……

여러 가지 키워드를 만들어 냈다. 이 중 콘셉트와 맞는 키워드 4가지를 뽑았다. '본질', '관계', '정치', '수습'이었다.

1장 본질 '조직을 제대로 보자'로 정치를 발휘하기 전에 직장의 본질을 알자는 메시지다. 직장인에게 직장의 본질을 잃어버리지 말라는 경고다.
2장 관계 '모든 것의 시작과 끝'으로 상사, 후배, 눈도장 등 직장 속 관계 이야기를 전개했다.

3장 정치 '과감하거나 은밀하거나'는 정치 기술과 주의 사항을 말했다.

4장 수습 '결실을 신중히 거두고 시작할 힘을 구한다.'는 작은 성공에 경거망동 하지 말라는 메시지다.

　각 장 키워드에 맞는 꼭지 제목 40개 만들어 목차를 완성했다. 핵심 메시지에 키워드를 뽑아내는 방법이다. 키워드 목차 작성법에서 키워드를 뽑을 때 충분히 장악한 키워드를 선정해야 한다. 독자에게 멋있게 어필할 수 있고 끌리는 키워드라도 일정 분량을 채우지 못하면 완성하지 못한다.

　문제 제기→ 해결책 제시, 키워드 목차 작성법은 물론 여러 가지 목차 만들기 방법이 있다. 경쟁도서를 분석해서 작성해 보자. 강의 PPT와 강의 자료가 많은 아이디어를 준다. 목차 만들기에 기본 중 기본은 흥미를 끌고 와야 한다는 걸 잊지 말고 만들어 보자.

끝까지 하는 힘, 집필 계획서

'첫사랑, 첫 키스, 첫 자동차, 첫 향수……'

누구나 '첫'자가 들어간 경험은 잊지 못한다. 강사에게는 강사료를 받은 첫 강의를 잊지 못할 일이 될 것이다. 누구는 철저한 준비로 좋은 기억을 간직하고 있다. 누구는 망신당한 기억이 있다. 필자는 후자에 가깝다. 강사를 대상으로 하는 강의를 나가면 첫 강의 이야기를 해 준다. 망신을 제대로 당한 일과 그때 포기하지 않고 끝까지 했던 경험을 말이다.

강사의 꿈을 꾸며 아카데미에서 열심히 배우고 있었다. 몇 개월 후 정식으로 강사료를 받는 첫 강의 의뢰가 들어왔다. 저녁 7시 문화센터 강의였다. 걱정스러운 마음, 떨리는 마음 등 다양한 감정이 교차했다. 일주일 전부터 철저히 준비했다. 시간이 흘러 강의 장소에 도착했다. 심호흡하고 차에 내렸다. 강의실 세팅까지 끝내고 슬라이드를 보며 연습을 하는 중 수강생이 들어왔고 강의를 시작했다.

인사가 끝나자 떨리기 시작했다. 떨리는 모습을 수강생이 본다는 사실에 더 떨렸다. 말은 꼬여만 가고, 땀이 났다. 손수건을 챙기지 못해 땀을 닦을 수 없었다. 나를 보는 수강생은 더욱 불안해졌고 이런 수강생을 보는 나 역시 불안해졌다. 꾸역꾸역 준비했던 모든 강의를 끝냈다. 시간을 보니 15분 정도 남았다. 말이 빨라 시간 조절에 실패한 것이다. 15분 동안 무슨 말을 할지 몰라 급한 데로 "질문 있으시면 주세요."라고 말했지만, 질문은 당연히 없었다. 솔직히 강의장을 뛰어나가고 싶었다. 하지만 실력은 부족할 수 있어도, 무책임한 강사는 될 수 없다는 생각이 들었다. 결국, 주절주절하다 시간을 채웠다. 망신당하고 1부 강의가 끝나고 2부 강의를 시작했다. 2부 강의는 수강생 실습이다. 강사가 실력이 부족하니 실습도 제대로 이루어지지 않았다. 역시 망신만 당했다.

집으로 오는 길에 여러 생각을 했다.

'강의 안 해도 먹고 살 수 있는데, 해야 하나?'

'과연 잘할 수 있을까?'

머릿속은 복잡했다. 첫 강의 쇼크였을까, 괴로움에 잠을 설치다 다음 날 출근을 위해 소주 한 병 마시고 겨우 잠이 들었다. 다음 날 머리가 아팠고 출근길에 올랐다. 출근길 차 안에서 이런저런 생각을 했다. 우연인지 필연인지, 라디오에서 "현실을 도망치지 말라."는 사회자 멘트가 들렸다. 다시 생각해 보니 겨우 한 번 망신당하고 포기하는 게 말이 되지 않았다. 퇴근 후 아카데미에 가서 다시 연습했다. 그 후 여러 번 강의 기회가 생겼고 1인 기업으로 나아가는 발판을 마련할 수 있었다. 돌아보면 강의실을 뛰어나왔다면 지금은 어떤 모습일까 상상해 본다. 망신당해도 끝까지 진행한 스스로 대견하다는 생각이 든다.

작은 일이라도 끝까지 하는 힘은 참으로 위대한 힘이다. 누구나 처음은 거창한 계획을 세운다. 하지만 결론을 보는 건 끝까지 하는 사람의 몫이다. 출간도 그러하다. 연말, 연초에 출판 미팅이 평소보다 많이 잡힌다. 새해에는 출간하고 싶어서다. 도와줄 부분이 있다면 기꺼이 도와준다. 실천은 본인 몫으로 남겨둔다. 아쉬운 건 10명 중 9명은 실천하지 못한다. 그리고 한 해가 흘러간다. 시작은 했기에 A4용지 10장 정도는 집필한다. 이후 원고는 쌓이지 않는다. 출간을 꿈꾸는 사람을 만나보면 출간이 생계가 아니므로 끝까지 한다는 건 사실 쉬운 일은 아니다.

여기서 중요한 게 있다. 어려운 일이지만 어떤 이는 출간한다. 출간하는 사람은 끝까지 밀고 나가는 사람이다. 이 끝까지 가는 일에 힘을 보태는 게 출간 계획서다. 출간 계획서를 작성하지 않으면 출간은 신선놀음이 될 수 있다. 기한도 없고, 집필할 이유도 없는 신선놀음 말이다.

우리는 목표를 위한 계획을 세운다. 계획에서 단순하게 '이런 것이 목표'라 한다면 그건 바람이지 목표는 아니다. 마감이 있고 구체적인 실행 계획이 있는 게 진정한 목표다. 출간하고 싶다면 구체적인 목표가 있어야 한다. 마감이 없는 출간 목표는 신선놀음이다.

집필 전 자료를 찾거나, 경험을 쌓는 일을 많이 할수록 도움이 되는 건 사실이다. 하지만 집필에 들어가면 최단 기간에 끝내야 한다. 앞에서 이야기했던 한주에 한 꼭지씩 완성하는 '칼럼 기고형 책 쓰기'가 아니라면 원고 쓰기는 빨리 마무리해야 한다.

마감을 정할 때 자신의 라이프스타일과 강의 패턴을 잘 이해해야 한다. 학기 시즌에만 스케줄이 몰리는 강사가 또 있고, 365일 꾸준히 강의가 있는 강사도 있다. 가정이 있다면 가정도 고려해야 한다. 컨설팅한다면 그 시간도 빼놓을 수 없다. 집필 계획서 작성 전 본인의 생활을 잘 살펴볼 필요가 있다.

필자의 경험상 한 꼭지 집필에 평균 3시간 정도 든다. 집중력을 끌어오는 시간까지 포함하면 3시간 30분을 잡는다. 온전히 낼 수 있는 시간을 계산해서 집필계획을 세우는 게 좋다.

강의가 많은 경우 한 꼭지를 '서론, 본론1, 본론2, 결론' 끊어서 집필해도 괜찮은지 묻는 경우가 있다. 바쁘다면 어쩔 수 없지만 추천하고 싶지 않다. 정말 책 필요하다면 강의를 줄여서 온전한 시간을 내야 한다. 출간했다고 강의가 구름처럼 몰려오진 않겠지만, 미래를 위한 투자 개념에서 어느 것이 도움 될지는 판단해보자. 온전히 투자할 시간을 잘 판단한 뒤 다음과 같은 구성으로 집필계획서를 만들어 보자.

제목과 부제
제목과 부제를 넣는다.
집필 의도
출간하려는 의도와 독자에게 어떤 도움을 주고 싶은지 넣는다.
마감 기간
원고 마감, 탈고 마감으로 나누고 원고 마감을 1장 마감, 01 꼭지 마감 구체적으로 한다.
출간 후 계획
출간 후 어떻게 활용할지 등 구체적인 계획을 세워 동기 부여를 받는다.

프린트해서 책상 앞, 다이어리, 냉장고 등 눈에 보이는 곳에 붙여 놓고 스스로 준엄한 심판자가 되어 실행을 다짐하자. 모 강사는 집필 계획서와 목차를 침대 천장에다 붙여 놓는다고 한다. 눈을 뜨면 보이는 게 집필 계획서와 목차다. 집필을 잊지 않기 위한 노력 덕분에 바쁜 일정에도 5권을 출간했다. 스스로 준엄한 심판자가 되었다.

강사를 만나보면 저서의 중요성을 잘 알고 있다. 그리고 어느 직업보다 저서가 미치는 영향력을 잘 알고 있다. 새해가 되면 출간 계획을 세운다. 새해 다짐을 완수하는 사람은 원고를 끝까지 해내는 사람이다. 원고만 있다면 바꾸고 또 바꾸어 책을 낼 수 있다. 중요한 건 포기하지 않는 일이다.

집필 계획서. 어쩌면 단순한 A4용지 한 장일 수 있다. 하지만 '좌견천리(座見千里, 앉아서 천 리를 본다.)'란 말처럼 천 리를 계획하고 헤아리는 사람과 앞뒤 가리지 않고 무조건 뛰어든 사람은 천지 차이다. 집필 계획서는 끝까지 힘과 집필의 헤아림을 준다.

교세라 그룹의 창업주로 일본 경영의 신(神)이자 베스트셀러 작가인 이나모리 가즈오는 삶의 진지함에 대해 자주 말했다. 그가 세계적인 기업을 일구는데 진지함이 큰 역할을 했기 때문이다. 집필 계획서는 집필의 진지함이다. 집필계획서가 동기 부여와 끝까지 갈 힘을 준다. 누구보다 진지하게 작성해 보자. 그리고 눈에 보이는 곳에 붙이자. 하루하루 새롭게 다짐하며 끝까지 완성하면 된다. 이 책 역시 집필 계획서를 작성하고 끝까지 했기에 세상에 나올 수 있었다.

한 장의 A4 용지가 원고의 비법

단행본은 평균 250~300페이지 정도다. 원고지 기준으로 생각하면 800~900 페이지 정도다. A4용지 기준으로 100~120매(10포인트, 기본간격) 정도로 볼 수 있다. 평소 글을 쓰지 않은 사람에겐 A4용지 100페이지는 쉽지 않은 분량이다. 그렇다고 불가능한 분량도 아니다. 서재에 있는 모든 책은 이 분량을 채워 완성한 책으로 두려워할 분량도 아니다. 100페이지를 숲을 보면 많은 분량이지만 2~3장씩 나무로 본다면 도전해볼 만한 분량이다. 하루에 한 페이지 쓴다면 100일, 두 페이지면 50일이면 완성된다. "말이 쉽지." 라고 생각할 수 있지만, 사전에 철저한 준비를 해둔다면 불가능한 것도 아니다.

책의 메시지는 명확해야 한다. 강의도 그렇다. 청중에게 10개 모두 기억시키려면, 하나도 기억하지 못한다. 핵심 메시지 딱 한 개만 청중이 얻어갔다면 성공한 강의다. 책도 여러 메시지를 주면 독자는 혼란스럽다. 핵심 메시지와 그

근거나 방법만 넣어야 한다. 중요한 건 핵심 메시지가 한 개다 보니 100페이지를 채울 만큼 분량이 나오지 않는다는 점이다.

　동기 부여나 처세술 강의로 책을 만든다면, 사례가 많아 집필에 무리가 없다. 하지만 특정 기법으로 강의하는 경우 메시지는 명확하지만, 분량을 뽑아내기가 쉽지 않다. 여기에 100페이지에 사례, 주장, 해결책 등 골고루 배분하는 건 어려운 일이다. 방법은 원고를 쓰기 전 생각을 최대한 부풀리는 거다. 많은 예비 저자가 이 부분을 놓친다. 원고를 쓴다는 흥분에 휩싸여 무작정 쓰려고 한다. 집필 관련 책에도 무작정 쓰라고 한다. 무작정 쓰는 일도 방법이지만 필자의 경험상 사전에 철저한 준비가 있어야 끝까지 쓸 수 있다. 무작정 쓰는 일보다 끝까지 쓰는 게 중요하다.

　원고는 핵심 주장에 사례, 해결책 등 메시지를 고루 배분해야 한다. 강사는 물론 출간을 희망하는 사람이 10페이지 쓰고 포기하는 가장 큰 이유는 메시지 배분에 실패했기 때문이다. 핵심 주장 몇 개만 펼치고 더는 할 말이 없다. 할 말이 없으니 100페이지 채운다는 건 어불성설이다.

　메시지 배분을 어떻게 하면 잘할까? 이 질문에 관해서 필자는 오랫동안 고민했고 시행착오 끝에 해결책을 찾았다. 원고 쓰기 전 흥분을 내려놓고 다음과 같은 철저한 준비를 하자. 준비물은 다음과 같다.

　① 글자 포인트를 줄여 1장으로만 된 목차
　② 경쟁 도서
　③ 꼭지 수만큼 A4용지 (40개 꼭지면 40장)
　④ A4용지를 잡아주는 사무용 집게

A4용지 상단에는 꼭지 제목을 쓰고 하단에 일정 간격으로 다섯 등분을 한다. 등분한 곳에 다음을 적는다. '참고도서', '사례', '주장', '솔루션', '기타' 순이다. 순서는 자율이다. 40개 꼭지면 40장 모두 채워야 한다. 안에 무엇을 채울지 살펴보자.

참고도서

이야기했던 경쟁 도서에서 밑줄 그은 부분이나 책을 읽으며 생각했던 부분이 있다. 글자 포인트를 줄여서 만든 1장 목차를 옆에 놓고 경쟁 도서를 다시 살펴보자. 밑줄 그은 부분이나 생각을 넣은 부분에 적합한 꼭지가 있다면 '표시하자.

나만 알아보면 된다. 표시한 부분은 원고 쓰기에 인용, 각색, 생각 부풀리게 사용된다. 꼭지 수대로 준비한 A4용지를 집게로 물린다.

사례 부분

꼭지에 적합한 사례를 미리 찾는다. 사례는 2~3개를 준비하는 게 좋다. 이 역시 나만 알아보면 된다. 들어갈 사례를 미리 정해 놓는다. 뒤에서 말하겠지만, 사례 없는 책은 근거가 빈약하고 마른 수건을 짜야 하는 고통이 있다. 또한, 주장만 늘어놓는 책은 재미가 없는 배설의 도구가 될 수 있다. 사례가 있어야 가독성이 높고, 설득된다. 풍부한 사례는 철저한 준비에서 나온다.

주장

꼭지에서 하고 싶은 이야기가 무엇인지 미리 정립한다. 꼭지별로 가지고 있는 작가의 주장이다.

솔루션

말 그대로 해결책이다. 주장했으면 그에 따른 해결책을 제시한다. 해결책을 집필 중에 생각한다면 내용이 꼬일 수 있다. 미리 생각해놓을 필요가 있다.

실력이 있어야 주도권을 가질 수 있다. 나만의 필살기는 무엇인가. 회사에 있다면 일과 삶을 이원화시켜라. 마음만큼은 스스로 독립을 유지할 필요가 있다.

기타

뉴스나 포털 사이트에서 찾은 내용을 기록한다.

○○일보 20○○년 ○월 ○○일 기사

http://○○○.○○○.○○○(링크)

이 작업을 '집필 상세 설계도'라 부른다. 집필 상세 설계도를 꼭지 수대로 해놓는다면 원고 작성할 때 상세 설계도가 된다. 원고 쓰기를 포기하는 이유 중 주장만 있고 그에 따른 근거가 부족해서다. 주장과 그에 따른 적절한 근거를 미리 마련하면 원고 작성에 많은 도움이 된다.

집필은 설렘이다. 하지만 설렘만으로는 완성하지 못한다. 철저한 준비가 필요하다. A4용지를 채우는 작업이 메시지를 배분하고 전체적인 설계도를 그리는 일이다. 이 설계도로 설렘과 함께 철두철미함으로 한 꼭지씩 완성해 나가자. 이 작업은 40~50번 하다 보면 책의 분량이 된다.

제3장
강의 만들듯 원고를 집필한다

내 스타일부터 찾고 원고에 들어가라

강의를 배울 때는 무조건 흉내 내기다. 듣고 또 들으며 그대로 따라 하는 방법이다. 필자도 강사 준비 과정에서 김창옥 대표, 장격동 목사 강의를 듣고 또 들었다. 여러 번 듣다 보니 암기되면서 따라 하는 수준까지 되었다. 어느 강의에서 일부 내용을 그대로 이야기하는 나를 발견했다. 청중은 웃어 주지만 내 강의 스타일은 아니었다. 다시 강의 내용을 보강하고 무대 경험이 늘어나면서 내 강의 스타일을 찾기 시작했다. 지금도 내 강의 스타일이 무엇이고, 발전하기 위해 어떤 연습을 할지 묻고 답하고 있다.

유명 강사는 고유의 강의 스타일이 있으며, 그 스타일로 사랑받는다. 강사는 강의 스타일에서 자기 철학이 담겨 있다. 일종의 직업 철학인 셈이다. 그래서 철학이 없는 강사는 자기 강의 스타일을 만들어낼 수 없다. 강의 관련해 많은 책에서 강의 기법 이전에 강의 철학을 만들라는 주문은 자기 강의 스타일을 만들 기 위해서다.

글도 자기 스타일이 있다. 좋아하는 작가를 떠올려 보면 작가 고유의 스타일이 있다. 누구는 짧은 글을 쓰는 작가를 좋아하고, 누구는 화려한 문체로 매혹하는 글을 좋아한다. 작가의 고유 스타일이다. 책 쓰기 강의를 나가면 무작정 덤비지 말고 자기 스타일부터 찾으라고 말한다. 내 스타일도 모르는데 100페이지를 쓴다는 건 힘든 일이다.

원고를 쓰기 전에 자기 스타일을 못 찾고 헤매는 경우를 볼 수 있다. 자기 스타일을 못 찾는 이유는 한 가지밖에 없다. 멋있게 보이는 글을 쓰고 싶은 욕심 때문이다. 앞에도 이야기했듯 글은 100% 남에게 보여주기 위해 쓰는 일이다. 남에게 멋있어 보이고 싶은 마음이 앞서면 자기 스타일을 무시하고 따라 하기 바쁘다. 좋아하는 작가의 글을 필사해서 따라 할 수 있어도, 끝은 자기 스타일로 가야 한다. 독자는 남 스타일이 아니라 저자 고유의 스타일을 찾는다.

사람이 가장 멋있을 때는 자기다움을 발휘할 때다. 본인의 영역에서 자기 스타일로 최선을 다하는 모습이 가장 멋있다. 그러니 부자연스러운 멋을 낼 필요가 없는 것 같다. 원고도 그렇다. 자기 스타일로 채워 나가면 된다. 원고를 쓰기 전 자기 스타일을 찾아보자.

원고 쓰기에 자기 스타일을 무 자르듯 정확히 찾아내는 건 힘들지만, 필자의 경험상 대략 세 가지로 나누어진다. 세 가지도 비율의 차이지 딱 잘라 말하기는 힘든 점을 미리 밝힌다.

첫 번째는 정확한 결론이 있는 명쾌한 스타일로 메시지가 분명하다. 독자에게 주문이 정확하고 돌려 말하지 않는다. 장점으로는 군더더기 없이 글이 시원하다. 단점으로는 메시지가 짧아 분량을 채울 때 고통받을 수 있고, 명확성이 독자에게 반발을 일으킬 수 있다. 주로 경영서, 자기계발서에서 볼 수 있다.

두 번째는 따뜻함으로 여운을 주는 부드러운 스타일이다. 독자를 위로하며 편안함을 준다. 장점으로는 누구나 읽을 수 있어 독자층이 넓고 흥행 가능성이 높다. 단점으로는 실용 독서를 추구하는 사람에게는 남는 게 없다는 평을 듣는다. 주로 수필에서 볼 수 있다.

세 번째는 정확한 자료와 통계를 기초해서 쓰는 스타일이다. 독자에게 숫자로 신뢰를 주면서 변화를 이끌어낼 수 있다. 장점으로는 다수 자료와 통계로 신뢰를 줄 수 있다. 단점으로는 자료와 통계로 채우면 글이 지루해질 수 있다. 주로 경제서, 과학서에서 볼 수 있다.

세 가지 중에 자기 스타일을 아는 방법은 어렵지 않다. 방 안에 있는 서재로 가보자. 그중에서 좋아하는 책을 찾아보고 작가 스타일을 파악해 보자. 세 가지 중 어느 유형이 많은지 말이다. 경험상 좋아하는 책 스타일이 자기 스타일로 연결된다.

스타일은 무 자르듯 나오지 않는다. 비율 차이라는 걸 다시 한번 강조하고 싶다. 집필 관련해 많은 책에선 자기 스타일에 대해 말하지 않고 포기하지 않는 성실한 집필만 강조한다. 하지만 자기 스타일도 모른 채 포기하지 않고 성실한 실행을 종용하는 건 자연스럽지 못하다. 자기 스타일부터 찾아내자.

출간 후 기업 강사로 바쁜 나날을 보내는 P 강사가 있다. 처음 그를 만났을 때 베스트셀러가 된 한 권에만 파묻혔다. 미팅하면 베스트셀러 책처럼 쓰고 싶다는 말만 되풀이할 뿐이다. 그가 하는 강의와 맞지도 않고, 베스트셀러를 펴낸 작가는 따뜻함과 부드러운 글로 상당한 내공을 가진 작가였다. 그를 설득했지만, 고집을 꺾을 수 없었다. 직접 체험시키는 게 약이라 판단했다.

P 강사에게 목차를 만들어 주고 비슷하게 써서 보내라 했다. 그러나 불과 일주일 만에 두 손, 두 발 들고 포기했다. 그의 강의는 정확한 자료와 통계를 기반

으로 한다. 본인 역시 정확한 자료와 통계를 좋아한다. 칼럼 쓰기도 대부분 자료와 통계다. 단지 멋있게 보이고 싶어 베스트셀러 책을 선택했다. 다시 그를 설득해 본인 스타일과 강의에 어울리는 원고를 집필하도록 시켰다. 충분한 자료와 통계로 많은 출판사에 러브콜을 받았다.

독자에게 멋있어 보이고 싶은 건 긍정적 욕심이다. 하지만 자기 스타일이 아니면 독자는 금방 알아차린다. 자기 스타일로 써라. 그 모습이 더 멋있고 더 소신 있어 보인다. 남의 것에 덧씌우면 어색하다. 나만의 스타일로 써라. 독자는 나만의 스타일이 있는 사람을 더 좋아한다. 스타일을 한 번 더 고민하고 원고에 들어가라.

충분히 구성하고 방법으로 써라

글을 잘 쓰는 방법은 다독(多讀), 다작(多作), 다상량(多商量) 범주 안에 있다. 자기 분야에서 세 가지를 충분히 했다면 100페이지를 너끈히 쓸 수 있다. 자기 분야는 남들보다 배경 지식이 많아 할 말도 넘친다. 오히려 할 말이 많아 가지치기가 필요할지 모른다. 원고는 할 말이 많아야 단시간에 마무리된다. 늦어지면 초심은 사라진다. 시간이 늦어진다는 건 할 말이 없다는 뜻이기도 하다. 앞에서 이야기했던 '칼럼쓰기형 책 쓰기'는 일정한 생활이 힘든 강사직업 특성을 고려한 집필 방법이다. 시간과 체력이 허락한다면 단시간에 끝내는 게 좋다.

집필은 아이디어와 집중력의 결정체다. 집필 기간이 길다고 대작이 탄생하는 것도 아니고 짧다고 부족한 것도 아니다. 《나는 스타벅스보다 작은 카페가 좋다》, 《작은 가게 성공 매뉴얼》을 펴낸 '카페허밍'의 조성민 대표는 짧은 시간 원고를 끝내기 위해 집에 나와 방을 따로 잡고 종일 집필을 했다고 한다.《초등 인성 고전 읽기의 힘》,《부모의 관점을 디자인하라》에 이화자 저자는 짧은 기간에 마무리하기 위해 조용한 펜션에서 온종일 집중해서 썼다. 필자와 에듀콤 교육연구소 신용준 대표와 함께 쓴《인간관계가 답이다》은 명절을 포함한 10일 안에 원고를 완성했다. 쉽지 않았지만, 단기간에 마무리할 수 있었던 건 집필 전 내용을 충분히 구상했기 때문이며, 직장인 인간관계에 대해 강의했던 경험이 있었다. 이처럼 원고를 단기간에 끝나는 저자는 집필 전에 구상을 끝낸다.

A4용지에 꼭지별 주장과 해결책, 준비된 사례가 있고 주장을 갖추었다면 구상에 들어야 가야 한다. 구상은 중심 문장을 적고 뒷받침 문장으로 완성하는 방법이다. 즉, 뼈에다 살을 붙인다.

예) 집필 상세 설계도

꼭지 제목 세상이 변해도 경영의 본질은 사람에 있다

참고도서 홍하상《카리스마 VS 카리스마》

사례

· 일본유학 중 여공들을 본 청년 이병철

· 6·25전쟁 때 이병철 회장의 구사일생

· 삼국지 삼고초려, 주나라 문왕 강태공 등용

· 직원의 전산 입력 실수로 부도가 된 모 증권사, 직원에게 도덕적 회의로 1달러에 팔린 베어링은행 외

·《공병호의 대한민국 기업의 흥망사》이야기

주장 교육과 나눔으로 사람 시스템에 정성을 들여야 한다.

A4용지에 꼭지별로 충분히 준비된 상태에서 중심문장을 구상해 보자.

중심문장 구상

①경영자가 가장 정성을 들여야 하는 건 사람이다.

②강태공을 등용한 주나라 문왕, 삼국지 유비의 삼고초려, 부도난 모 증권사, 베어링 은행

③시대가 변해도 결국, 사람에 따라 승부가 난다.

④이병철 회장의 일본유학 중 여공을 보고 느낀 것, 사람의 소중함을 배운 6.25 전쟁

⑤최고의 기숙사와 반도체 신화가 된 이종길 박사, 강진구 사장, 진대제 연구원 탄생 배경

⑥《공병호의 대한민국 기업의 흥망사》에 나오는 주장. 사람으로 기업은 100 또는 1이 될 수 있다는 메시지

⑦교육과 나눔으로 사람 시스템에 정성을 들여야 한다.

중심 문장을 만들 때 꼭지 제목에서 주제를 뽑아내고 일관성 있게 하나의 주장으로 흘러야 한다. 6가지 중심 문장에 근거를 덧붙이면 된다. 큰 뼈대가 있어 집필할 때는 고민 없이 쓸 수 있다. 원고 쓰기를 어려워하는 이유는 구상 없이 막무가내로 들어가려는 급한 마음 때문이다. 비문학은 충분한 구상이 있다면 누구나 쓸 수 있다. 구상하고 중심 문장을 만들자.

중심 문장과 함께 구성이 따라야 한다. 장르마다 다르지만, 책은 서론, 본론, 결론으로 구성한다. 서론은 흥미 유발, 문제 제기로 시작한다. 본론에는 사례를 넣는다, 사례는 내가 경험한 사례는 물론 다른 사례를 넣을 수 있다. 여기서

사례만 넣으면 안 된다. 사례에 대한 생각이나 해석을 넣어야 한다. 결론은 서론, 본론에서 다시 한번 강조하고 싶은 내용을 추가하면 된다.

책 쓰기 강의에서 청중 유형에 맞는 목차 만들기와 대표 문장 만들기, 구성 만들기를 PPT로 직접 보여 준다. 백번 들려주는 것보다 한번 보여주는 게 청중의 이해가 빠르기 때문이다. 필자가 지역 유명 갤러리에서 미술인 청중 앞에 강의할 때 보여준 중심 문장 구성이다.

제목　배고프면 예술로 허기를 채워라.

부제　넘치는 세상, 채워지지 않는 영혼의 부족함

장 제목　예술로 영혼과 자본 모두를 채워라.

꼭지제목　커뮤니티로 영혼과 자본을 공유한다.

사례　팝 아티스트 앤디 워홀의 커뮤니티 '팩토리'
　　　네이버 웹툰 정식 연재 전 커뮤니티를 형성한 J 작가 이야기

주장　커뮤니티에서 주는 관심으로 자극을 받고, 자극을 자본으로 바꿔라.

서론　전 세계에 키워드는 공유다.

사례1　네이버 웹툰 J 작가

사례1에 대한 해석　커뮤니티는 시작은 미비하나 확산하면 기하급수적

사례1과 사례2 연결　이 기법은 유명한 예술인 모두를 사용했다.

사례2　앤디 워홀의 커뮤니티 팩토리

사례2에 대한 해석　커뮤니티의 인너서클 기법이 있다.

해결책, 주장　커뮤니티를 잘 형성하기 위한 3가지 방법

결론　커뮤니티는 공유와 자극제다. 공유와 관심으로 자극받고 자본으로 바꿔라.

기본적인 구성 나만의 구성 방법을 찾는다면 집필은 훨씬 쉬워진다.

책에는 영혼을 담아야 한다고 한다. 동의한다. 영혼이 절실히 필요하다. 하지만 비문학 집필은 이성적으로 하는 작업이다. 감성에 휩싸여 쓸 수 없다. 충분히 구상하고 일정한 구성으로 쓴다면 원고는 단시간에 쓸 수 있다.

이 글을 쓰고 있는 시간은 아침 7시다. 어제저녁에 서론을 채워놓고 잠들었다. 새벽 5시에 일어나 본론, 결론을 채우기 시작했다. 오후 강의를 준비해야 한다. 강의가 끝나고 집에 오면 저녁 9시로 예상된다. 내일은 다른 일정이 예정되었다. 출퇴근이 일정하지 않은 삶을 살고 있다. 강의하는 사람에 숙명이라 생각한다. 그러니 원고를 최대한 빨리 끝내야 한다. 어떤 일정이 어떻게 바뀔지는 아무도알 수 없기 때문이다. 단기간에 끝내는 힘은 구상과 구성을 준비하는 일이다.

아이스 브레이크처럼
서론은 가볍게 시작한다

남자 고등학생이 강의하기 편하다는 지인 강사가 있다. 남고 출신인 필자는 질풍노도 특유의 무뚝뚝함을 잘 알고 있다. 솔직히 강의하기 어려운 청중이다. 지인 강사에게 비법을 물었다. 처음 무대에 오르면 끝자리를 본다고 한다. 정답은 아니지만, 끝자리에 있는 친구 중 또래들에게 힘을 발휘하는 친구가 많다. 그중 가장 강해 보이는 친구를 일어나게 하고 관상을 읽어준다. 좋은 운명이라 말해주며 친하게 지내면 좋다고 이야기하고 강의를 시작한다.

이것뿐이다. 가장 강해 보이는 친구 한 명을 칭찬했을 뿐인데 분위기는 일순간에 집중된다는 설명이다. 이론적으로 설명할 수 없지만, 학창 시절을 생각하면 좋은 방법 같다. 필자가 직접 해 봤다. 그리고 효과를 봤다. 강해 보이는 친구에게 마음을 오픈했으니 나머지는 일사천리다. 남고 강의 말고도 많은 강의 오프닝에서 청중 마음을 사로잡을 수 있다면 강의는 한결 수월해진다.

청중은 집단이다. 비슷한 목적을 하고 있다. 그래서 보수적이다. 오늘 처음 본 강사를 쉽게 받아들이지 못한다. 보수적인 집단에 원하는 걸 충족시키는 강사는 박수를 받고, 충족시키지 못하면 냉대와 혹독한 평가가 기다리고 있다. 청중이 보수적인 건 강사에게 기회이자 어려움이다. 청중은 마음의 문만 열면 강사를 쉽게 받아들인다. 하지만 문을 열지 못하면 무시 받을 수밖에 없다. 청중 마음을 열 수 있는지 여부는 강의 초반에 달렸다. 실력 있는 강사는 청중연령, 직업 등을 고려해 마음의 문을 열기 위한 아이스 브레이크를 가지고 있다.

집필에서 아이스 브레이크에 해당하는 부분이 서론 쓰기다. 서론에서 독자의 마음 문을 열 수만 있다면 해당 꼭지를 관심 있게 읽게 된다. 모든 꼭지 서론이 재미있다면 책 전체를 흥미롭게 읽을 수 있다.

집필에서 어려운 부분 중 하나가 서론 쓰기다. 능숙한 아이스 브레이크처럼 자연스럽고, 받아들이기 편하며, 가벼운 마음으로 시작해야 한다는 부담으로 어려워한다. 여기에 독자 흥미를 유발해야 하는 숙제도 가지고 있다. 서론 쓰기는 아이스 브레이크처럼 다양한 요구 사항을 충족시켜야 한다.

출간하는 사람과 중간에 포기하는 사람의 차이 중 하나가 서론을 '써내냐', '못 써내냐'다. 어떻게든 서론을 써내는 사람은 끝까지 집필한다. 이것이 서론 쓰기에 위력이자 동기 부여라 생각한다.

우선 서론에 많은 요구사항이 있어도 가볍게 생각하자. 이 세상에 완벽한 원고는 없고, 완벽한 서론도 없다. 서론이 완벽하지 않다는 점을 인정하면 된다. 멋있게 보이려는 욕심을 내려놓자. 서론이 아니어도 멋있게 보일 수 있는 부분은 많다. 우선 서론을 가벼운 마음으로 쓰자. 탈고, 출판사 수정 등 서론을 바꿀 기회는 많다.

서론 쓰기를 강의 초반부로 생각해 보자. 강의에서 사회자 소개가 끝나자마자 본론으로 가지 않는다. 대학에서 강의한다면 대학 분위기나 청중 느낌, 강의하는 곳에 인연, 현재 대학생 상황으로 시작할 수 있다. 결론은 가볍게 시작한다. 가볍게 쓰는 방법으로 《1인 미디어 집필 수업》에는 4가지 방법을 제시했다.

① 키워드 안에 있는 화두 제시
② 이슈적인 사례로 시작하기
③ 경험, 체험으로 풀어내기
④ 권위자의 명언 또는 속담

이 원고가 끝나고 다음 집필 예정인 '지식서비스 창업'에 관한 꼭지 중 하나를 골라 4가지 방법을 통해 서론 쓰기를 해보겠다.

예)
책 콘셉트 지식 서비스로 창업하는 방법
꼭지 제목 일생에 한 번은 창업해야 하는 시대
키워드 창업, 지식, 일생에 한 번

① 키워드 안에 있는 화두 제시 (키워드 : 지식)
지식을 생산하고 매개하는 기업이 자본주의 패러다임을 바꾼 건 오래다. 개인도 다르지 않다. 인터넷에 떠도는 지식이 아니라 나만의 지식을 가진 사람은 다양한 플랫폼을 활용해서 자본으로 만들어낼 수 있다.

② 이슈적인 사례로 시작하기 (키워드 : 일생에 한 번)

인터넷에 '기승전(起承轉)치킨집'이란 사회풍자가 있다. 모든 일에 끝은 치킨집이라고 설명한다. 자세히 살펴보면 '인문계 졸업 → 작가 → 아사(餓死) or 치킨집', '이공계 졸업 → 취업 → 과로사 or 치킨집'으로 어떤 공부를 해도 우리는 치킨집 창업을 한다는 뜻이다. 사회 풍자면서 우리에 창업 현실을 이야기한다.

③ 경험, 체험으로 풀어내기 (키워드 : 창업)

'무한삽질' 정신은 지식서비스 창업자가 가져야 자세다. 29살에 필자는 소명에 휩싸인 듯 창업을 했다. 경험도 없었고, 자본도 없었다. 믿을 건 패기뿐이었다. 사실 무모했다. 지금도 무한 삽질하듯 사업체를 운영하고 있다. 강의 나가면 창업을 마음먹은 사람에게 직장생활을 더 열심히 하라고 조언한다. 직장생활로 일정한 수입이 있다면 '무한삽질'이 용인되기 때문이다. 창업을 준비하는 최적의 장소는 지금, 그곳이라는 점을 말하고자 한다.

④ 권위자의 명언 또는 속담 (키워드 : 창업)

권위자의 명언이나 속담을 적극적으로 활용해도 좋다. 독서를 통해 '창업'과 관련된 명언에 주목하라. 당신만의 강의를 꾸려나갈 자양분이 될 것이다.

이 4가지 방법이 정답이 아니다. 청중에게 가볍게 던지는 강의처럼 서론도 가볍게 던지고 시작해라. 잘하려는 부담감을 내려놓는 게 우선이다. 아이스 브레이크 하듯 던지면 독자는 반응이 온다. 서론도 아이스 브레이크 쓰듯 하자.

아이스 브레이크기법만 다룬 책을 읽은 적이 있다. 100가지 넘는 아이스 브레이크가 있다는 사실에 놀라웠다. 그렇지만 강의를 나가면 10가지 내외로 아이스 브레이크를 사용한다. 서론 쓰기도 몇 가지 범주에서 할 수 있다. 나만의 서론 쓰기를 만들어 가벼운 마음으로 시작하자. 서론을 써내는 사람은 한 꼭지 쓸 수 있고, 한 꼭지가 차곡차곡 모이면 한 권이 된다.

집필은 '그들의 언어'로 쓰는 일이다

지식이 많은 강사가 강의를 잘하는 건 아니다. 가지고 있는 지식을 청중 입장에서 잘 풀어내는 강사가 강의를 잘한다. 그들의 언어를 강의에 사용하면 공감을 불러일으키고, 청중의 집중도를 높일 수 있다. 그래서일까. 강사는 청중이 가진 '그들의 언어'를 배우기 위해 부단히 노력한다.

중고생을 대상으로 인성 교육을 하는 50대 강사가 있다. 어느 날 스마트 폰으로 청소년 사이에 유행하는 포털 사이트 웹툰을 보고 있었다. "이미 3번 정주행(1회부터 보기 이어보기)했다,"며 자랑을 했다. 청소년 강의를 하다 보니 청소년 언어를 배우기 위해 웹툰을 보고 강의에 사용하고 있었다. 강사는 지식의 최전선에 있으면서도, 유행에도 최전선에 있어야 그들의 언어를 배울 수 있다. 강사는 배움과 떠날 수 없는 직업이다.

책에도 그들(독자)의 언어를 알아야 한다. 5년 동안 베스트셀러를 뽑아보면,

중학생 수준에 지식만 있으면 읽을 수 있는 책이 주류를 이룬다. 《정의란 무엇인가》 같이 물음에 대한 시대의 부흥을 했던 책이 있었지만, 대부분 쉽게 술술 읽을 수 있는 책이다. 독자들은 '내 이야기 같다.', '옆에서 친구랑 수다 떠는 느낌이다.'이라 말한다. 저자 입장이 아니라 독자 입장을 고민해서다. 고민을 풀어 그들의 언어로 출간했다. 시험을 잘 보는 방법은 출제자 입장을 생각하는 일이고, 이성을 사로잡는 방법은 이성의 입장에서 생각해 보는 일이다. 강의를 잘하는 방법은 청중의 입장을 생각하는 일이며, 좋은 원고를 만드는 방법은 독자입장을 생각하면 쓰는 일이다.

필자의 메일로 원고 검토 의뢰가 들어올 때 좋은 내용과 좋은 사례가 잔뜩 있어도 지루한 원고가 있다. 좋은 말이긴 하지만 왠지 나오는 먼 나라 이야기다. 독자 입장에선 쉽게 공감할 수 있는 원고가 아니라 아쉽다.

얼마 전 모 화장품 회사 사내 강사 J 씨를 지인 소개로 만났다. 퇴근 후 매일 조금씩 원고를 썼다고 한다. 본업이 있으면서도 원고를 쓰는 게 쉬운 게 아닌데 J 강사는 포기하지 않고 끝까지 집필한 것만으로 칭찬받을 일이다. 독자층은 피부 노화가 시작되는 30대 여성이었다. 피부 노화를 걱정하는 30대 여성 독자 눈으로 원고를 검토했다. 목차에서 '노화란 무엇인가'로 시작해 교재 같은 느낌이었다. 몇 장 읽어보니 전문 용어, 화학성분 등 이해하기 어려운 부분이 있었다. 전공자나 같은 일에 종사하는 사람이 아니라면 어려운 원고였다. J 강사에게 원고에 대해 정중히 이야기했다.

"화장품 전문가가 읽어야 할 원고입니다. 일반인의 눈에는 이해하기 힘든 원고네요. 독자 입장을 생각해서 사용하는 단어나 구성을 바꿔야 할 것 같습니다. 그러면 훨씬 좋아집니다."

이외에 J 강사에게 몇 가지 조언을 해 주었다. 피부 노화를 걱정하는 30대 여성 독자가 회사에서 틈날 때마다 할 수 있는 피부 탄력 운동이나, 집에 누워서 드라마 볼 때 할 수 있는 마사지법, 워킹맘을 위한 단기간 피부 관리법 등을 이야기하는 게 어떤지 조언했다. 화장품도 성분 분석보다 가까운 매장에서 5만 원 미만으로 화장품을 잘 고르는 법을 알려주면 좋겠다며 아이디어를 주었다. 원고에 사용하는 단어나 구성도 먼저 해 본 언니가 알려준다는 느낌으로 집필하면 어떤지 조언했다. 완성한 원고는 사내 교재로 추천했다. 지금은 동네 언니가 알려주는 느낌으로 원고를 새롭게 준비하는 중이다.

독자의 입장을 고민하는 걸 J 강사는 놓쳤다. 나만 흡족하고, 나만 이해한다면 나만을 위한 원고다. 베스트셀러는 그들의 입장을 철저히 생각했기에 독자에게 사랑받는다. 집필을 시작했다면 나를 위한 원고인지, 독자를 위한 원고인지 생각하자.

그들의 언어를 어떻게 하면 풀어낼 수 있을까? 펴내는 책마다 베스트셀러는 물론 몇 권에 스테디셀러를 가지고 있는 S 작가에게 물었다. 그는 다음과 같이 조언한다.

첫 번째는 빙의(憑依)다. 추상적이고 허무맹랑한 말 같지만, S 작가는 그들의 언어의 핵심 요소라 말한다. 집필할 때는 조언자, 컨설턴트 입장으로는 한계가 있다. 책을 많이 읽는 독자로 자신을 빙의한다. 독자 입장이 되기 위해 번잡함을 정리한다. 그리고 몰입해서 그들의 입장이 되어본다. 생각에 들어가기 전좋아하는 향으로 분위기를 바꿔 온전히 독자의 입장으로 변한다. 향은 그만의 습관이며 의식인 셈이다. 향을 피우는 순간만큼은 자신을 내려놓고, 독자 입장이 된다.

두 번째는 짧고 쉽게 쓴다. 그들의 언어에 명확한 기준은 없다. 폭넓은 독자를 잡기 위해 최대한 짧고 쉽게 써야 한다. 화려하게 쓴 글은 나는 만족할지 몰라도 독자는 어렵고 지겨울 수 있다. 쉽고 짧게 읽히는 글이 독자의 입장에서 편하게 다가갈 수 있다. 베스트셀러의 대부분은 중학교 정도의 교육 수준만 갖춰도 이해할 수 있는 글이라는 점을 잊지 말자.

세 번째는 만나고 또 만난다. S 작가는 또래 모임이 없다. 자신보다 어리거나 나이 많은 사람을 만난다. 최근에는 시간과 비용, 에너지에 한계가 있어 S 작가는 메일로 주고받는다. 방법은 인터뷰하고 싶은 사람을 나이, 직업을 선택해서 블로그를 찾는다. 그중 열성 블로그를 찾아 메일을 보낸다. 대부분 답장을 잘 보내 준다고 한다. 대면보다 글에는 자신이 녹아 있기 때문에 진심을 알 수 있다고 한다.

네 번째는 시대의 키워드를 고민한다. 자기계발서 열풍이 불 때 S 작가는 자기계발서를 펴냈고, 인문학 열풍이 불 때 인문서를 펴냈다. 중심이 없는 듯하지만, 그는 시대정신을 떠나면 안 된다고 말한다. 시대가 원하는 키워드에 따라 저자도 능숙하게 변해야 한다는 설명이다. 키워드가 왜 뜨고 있는지, 독자가 무엇을 원하는지 알고 충족시켜야 그들의 언어로 집필할 수 있다는 설명이다.

집필은 독자의 입장에서 써야 한다. 문장이 부족하면 연습하면 된다. 맞춤법이 틀리면 전문가에게 도움받을 수 있다. 하지만 읽어 줄 사람 입장에서 집필하는 건 저자의 몫이다.

강의 의뢰를 받으면 꼭 하는 질문 중 하나가 청중 구성일 것이다. 나이, 직업, 목적 등을 알아야 청중이 원하는 강의를 할 수 있다. 집필도 읽어 줄 사람의 입장을 알아야 한다. 나를 내려놓고 독자가 되어보자. 독자가 필요로 하고 원하는 원고를 집필한다면 독자의 사랑이 예고된 책이라 할 수 있다.

엉성해도 좋다
끝내야 출간된다

눈에 보이지 않는 일로 사람을 설득시키기는 어렵다. '동기 부여를 통한 변화', '마인드 리셋으로 재도약' 같은 건 눈에 보이지 않는다. 그래서 청중을 설득시키기는 쉽지 않다. 반대로 책(冊)은 눈에 보인다. 결과가 확실하다. 그렇기에 설득하기 쉽다. 책처럼 결과가 눈에 보이는 건 결론이 두 가지로 구분된다.

① 끝내느냐
② 끝내지 못하느냐

출간을 결과론 관점에서 이야기했을 때 '30% 달성'은 의미가 없다. '출간했느냐', '출간하지 못했느냐'로 구분될 뿐이다. 출간은 결과 앞에서 냉혹할 만큼 구분이 확실하다. 이 확실성이 동기 부여를 줄 수 있고 좌절을 줄 수 있다.

우리는 강렬한 목적 하나만으로 수백 가지 핑계를 이길 수 있다. 책을 내고 싶다는 강렬한 이유가 있다면, 책을 내지 못하는 수백 가지 핑계를 이길 수 있다. 중요한 건 강렬해야 한다는 점이다.

일부 장르를 제외하고 출간은 일정한 분량이 있어야 한다. 이 책에서 줄기차게 말하는 분량은 A4용지 100페이지 정도다. 100페이지를 채워야 책으로 만들어 낼 수 있다. 평소 글을 쓰지 않은 사람에게 쉽지 않은 분량이다. 100페이지를 채우기 위해 시간과 장소 등 물리적 환경이 따라야 한다. 이 물리적 환경은 그냥 주어지지 않는다. 절제하고 또 절제해야 나온다.

의지가 강한 사람이라도 관성의 법칙이 적용된다. 집필에 들어갈 때 의기양양하게 시작할 수 있어도 중간에 번잡한 일이 발생하면 손을 놓을 수밖에 없다. 다시 시작하기까지는 처음 시작보다 몇 배에 힘이 든다. 시작했다면 절제를 통해 집중력 있게 집필해야 한다. 처음 쓸 때는 어색할지 몰라도 차츰 탄력이 붙으면 한 꼭지, 한 꼭지를 완성할 수 있다. 중간에 아무 일 없다면 어느새 완성된 원고를 볼 수 있다.

집필은 몰입의 결정체다. 이동시간이 많고, 불특정 다수를 만나야 하는 강사는 직업 특성상 하루 3~4시간 온전히 집필하기에는 시간상 한계가 있다. 하지만 강사 직업을 가지고도 책을 펴내는 사람이 많다. 이들은 집중력을 방해하는 수백 가지 요소를 이긴 사람이다. 이들에게 수백 가지 방해요소를 이기는 강렬한 목적, 하나를 위해 절제하고 또 절제하면서 원고를 써나간다.

세상은 재미있는 것 천지다. TV, 게임, 스마트폰, 쇼핑, 스포츠, 관광, 술자리, 모임, 행사, 공연 등 정말 많다. 이런 것을 즐기면서 출간하지 않아도 먹고 사는데 지장이 없는데 무엇하러 고된 일을 할까?

이 모든 걸 이기는 강렬한 목적이 출간으로 이끈다. 목적이 있기에 엉성해도 끝낼 수 있다. 끝내야 출간으로 이어진다. 그리고 딱 두자기 뿐인, '끝내느냐', '끝내지 못하느냐'에서 끝내느냐를 완수할 수 있다.

출간은 개인 역사에 획을 긋는 성공이다. 희생 없이 어떻게 집필을 하겠는 가. 출간하겠다는 강렬한 목적이 모든 희생을 감내하게 한다.

음주가무, 불필요한 만남, SNS, 메신저, 과도한 취미 활동 등 시간과 집중을 빼앗는 모든 걸 집필 기간에는 절제해야 한다. 그래야 끝낼 수 있다. 끝내지 못 하면 아쉬움만 남는다. 완성하지 못하면 결국, 핑계를 찾는다. 지금 서재에 있 는 모든 책은 절제하고 또 절제로 이루어진 책이다.

집필할 때 최상의 조건은 평생 오지 않는다. 우리 삶에 한가한 때가 있었던 가? 바쁘고 치열하게 살아가는 과정에서 집필하고 있다. 집필하면서 정말 힘 들면 잘하고 있다는 뜻이다. 그만큼 집필에 집중하고 있다는 증거이기 때문이 다.

집필에 들어가서 숲을 보면 지친다. 경주마가 눈가면을 쓰고 달리듯 나무 하 나만 보고 달려야 한다. 엉성해도 괜찮다. 중요한 건 끝내는 일이다. 엉성하고 창피해도 원고가 있다면 100% 남는다. 중간에 포기한 원고로는 아무것도 이룰 수 없다. 결국, 끝까지 써내는 사람이 펴낸다.

엉성하고 세상에 내놓기 창피해도 출간한다면 눈에 보이는 책이 남는다. 여 기에 부족하면 개정판을 내면 된다. 개정판으로도 부족하면 다음 책을 내면 된 다. 중요한 건 끝내야 한다는 점이다.

그동안 집필하지 않았던 이유는 집필하지 않아도 생계에 지장이 없기 때문 이다. 책이 없어도 강사로 활동하는 데 지장이 없었다. 앞으로도 마찬가지일 가능성이 매우 높다. 이미 강사로서 자리를 잡았다는 신호다. 생계 여부를 떠 나 출간하겠다면 출간하지 않을 수백 가지 이유를 이길 단 하나의 이유를 만들

자. 그 강렬함이 끝까지 가게 한다.

원고 쓰기는 '끝내느냐', '끝내지 못했느냐'로 구분된다. 냉정하리만큼 이분법적이다. 절제하고 또 절제해서 원고를 거침없이 써라. 원고가 엉성해도 완성만 한다면 출간으로 이어질 수 있다. 원고를 쓸 때 거침없이 쓰고, 엉성하게 내놓아라. 바꿀 기회는 많다. 모든 걸 이길 강렬한 이유가 있는지 스스로 물어보자. 이유가 강렬하다면 출간할 수 있다.

원고를 떠나고, 퇴고해라

절제하고 또 절제해서 원고를 완성했다면 이젠 퇴고해야 한다. 퇴고(推敲)는 원고를 여러 번 수정하는 작업을 말한다. "모든 초고는 걸레다." 헤밍웨이가 말했듯, 이 엉성한 원고를 누구나 읽고 싶게끔 하여야 한다.

퇴고의 시작은 원고를 떠나 있는 일이다. 원고를 완성하기까지 뒤도 돌아보지 않고 거침없이 썼다. 긴장과 피로가 누적된 상태다. 빨리 마무리하고 싶은 마음이 생겨도 잠시 떠나 있자. 그래야 고칠 부분이 보인다. 원고 쓰느라 못했던 일을 하자. 가족도 챙기고, 운동도 하고 여행도 떠나자. 이 기간은 개인마다 다르다. 이 기간을 묻는다면 7일~15일을 추천한다.

7~15일의 휴식이 끝나고 원고로 돌아오자. 원고를 다시 보면 본인 강의 동영상을 보는 일만큼이나 부끄럽다. 부끄럽다는 건 좋은 징조다. 더 좋은 책을 만들 기회이기 때문이다.

헤밍웨이는 《노인과 바다》를 400번 퇴고했다고 한다. 세계적인 명성은 쉽게 얻을 수 없다는 걸 퇴고를 통해 알 수 있다. 머리를 쥐어뜯고, 괴로움을 참아내며 완성한 원고를 40번도 아닌 400번 고친다는 게 아무나 할 수 있는 일은 아니다.

세계 문학에 한 획을 긋는 책을 출간하겠다는 꿈이 있다면 400번 넘게 퇴고해야 한다. 그렇지 않다면 시간과 체력을 고려해서 나에게 맞는 퇴고 횟수를 정하면 된다. 주변 저자들에게 물어보면 퇴고는 10번 내외로 한다. 전업 작가는 다르겠지만 다른 직업이 있는 저자는 10번 내외로 마무리한다. 퇴고는 더 좋은 책을 만들어가는 과정으로 많이 하면 할수록 원고는 좋다. 하지만 완벽함은 없기에 절제도 필요하다. 자신에게 맞는 횟수를 선택해 퇴고에 들어가라.

퇴고는 출력해서 소리 내어 읽어야 한다. 소리 내어 읽으면 어색한 문장을 바꿀 수 있다. 힘은 들지만 2~3번 소리 내어 읽고 퇴고하면 크게 달라진 원고를 확인할 수 있다. 읽으며 바꿀 부분을 체크해서 컴퓨터에 옮기면 된다. 소리 내어 읽는 것 외에 퇴고의 4가지를 점검하면 된다.

첫 번째는 맞춤법과 오탈자 점검이다. 한글 프로그램에 기본적인 맞춤법과 오탈자를 잡아주지만, 세세한 것까지는 한계가 있다. 전문적인 단어, 기호, 띄어쓰기 등 세세하게 체크해야 한다. 인터넷의 도움을 받는 방법도 있다. 포털 사이트에 '맞춤법 검사기'라 검색하면 많은 프로그램이 나온다.

두 번째는 사례, 인용, 통계 점검이다. 사례의 사실 여부, 인용, 통계의 정확성, 소개된 인물에 근황을 점검할 필요가 있다. 특히 인물의 최신 정보를 잘 확인해야 한다. 잘못된 인물 정보는 독자에게 혼란을 주는 것은 물론 당사자에게도 큰 결례를 줄 수 있다.

세 번째는 문장에 어색한 부분이 없는지 점검한다. 소리 내어 읽기를 통해 자연스러운 문장으로 변화시키자. 그리고 짧고, 쉽게 바꾸면 된다. 주변 사람에게 도움을 받는 방법도 추천한다.

　네 번째는 분량과 사례의 적절성 여부다. 분량이 많으면 핵심을 골라 가지치기를 하면 된다. 부족하면 보강한다. 한 꼭지에 사례가 과도하거나 부족하면 보강할 필요가 있다.

　어떤 일이든 한 번에 뚝딱 끝내는 일이 좋지만, 책은 그렇지 못하다. 바꾸고, 고쳐야 한다. 그래야 세련된 책이 나온다. 퇴고를 앞둔 모 강사는 나에게 창피해서 퇴고하지 못하겠다고 하소연했다. 필자도 퇴고할 때마다 부끄럽다. 이런 내용과 글로 독자에게 보이려 했으니 창피함을 말할 수 없다. 그렇기에 더 퇴고해야 한다. 자기 원고에 애정이 없는데 독자가 애정을 갖는 건 어불성설이다. 바꿀 게 많고 창피하다는 건 그만큼 발전 가능성이 높다는 사실을 알자. 퇴고로 원고를 세련되게 만들자.

　보고 또 보는 일은 쉽지 않지만, 누구도 아닌 내 이름으로 출간될 책이다. 애정을 갖고 고치고 또 고쳐라.

제4장
책의 생명은 출판 이후에 결정된다

나에게 맞는 출판 방법 고르기

매년 독서 인구 통계를 발표한다. 2016년 통계를 보면 대한민국 성인은 한 달 평균 0.8권 책을 읽는다. 한 달에 한 권도 안 읽는다는 뜻이다. 평균이라는 점을 생각하면 책을 읽지 않는 사람이 정말 많다. 독서 인구 감소 이유는 여러 가지가 있지만 크게 두 가지 원인으로 볼 수 있다.

첫 번째는 책 없어도 지식을 얻을 수단이 많아졌다. 오픈 강의도 많고, 인터넷에 검색하면 원하는 지식을 언제든지 얻을 수 있다. 귀찮고 힘들게 책으로 찾을 필요가 없다. 두 번째는 유희 거리가 늘어났다. 책 말고도 세상에는 재미있는 게 많다. 스마트폰부터 시작해 영화, 게임, 놀 거리, 볼거리 등 책보다 재미있다.

이런 환경에서 출판사도 시대에 맞게 다양한 변화를 꾀하지만, 독서인구 감소는 출판 산업 존립을 흔들고 있다. 얼마 전 1인 출판사로 시작해 여러 히트작을 기획했던 대표와 이야기를 나누었다. 여러 이야기 중 "단군 이래 불황"이란 말을 몇 년째 듣고 있다는 말이 기억에 남는다. 한마디로 사양 산업이라는 뜻이다. 그는 비용을 절감하기 위해 초판 발행 부수를 줄이고, 광고를 줄이고 있는 형편이다. 반대로 퍼스널 브랜딩 개념이 보편화 되면서 원고 투고가 정말 많아졌다고 한다. 시간이 허락된다면 투고된 원고 모두 읽어 보려고 하지만 쉽지 않다고 한다. 그래도 투고된 원고 중 보석을 찾고 세상에 내놓기 위해 시간을 짜내서 읽어 본다고 한다.

출판 방법 이야기에 서두가 길었던 건 출판사 대표 부탁 때문이다. 독자층이 얇지만, 사회에 꼭 필요한 책을 출판할 때가 있다고 한다. 손해를 감수하며 출판하는 일이다. 손해를 보더라도 출판하는 이유는 세상에 긍정적으로 바꾸고 싶은 마음에서다. 출판사도 이익을 중요시하는 사업이다. 하지만 다른 사업과 달리 사명감으로 출간하는 경우가 많다고 한다. 이런 출판사의 마음을 알고 기초적인 형식이라도 갖추고 투고해 달라고 한다. 출판사는 한 권, 한 권에 정성을 들이기 때문에 원고 기획부터 집필, 투고까지 진지한 마음과 형식에 맞게 투고해야 한다.

출판 산업은 독서 인구 감소로 존립을 위협받고 있지만, 최근 책 쓰기 열풍으로 책을 내고 싶은 사람은 늘었다. 긍정적인 일로 독서를 많이 하는 사람은 작가고 저자다. 출간을 희망하는 사람이 늘어날수록 독서 인구는 증가할 수밖에 없다. 이런 수요를 충족시키기 위해 책을 내는 방법이 많아졌다.

여러 방법이 있지만, 책을 내는 방법은 크게 두 가지로 나누어진다. 첫 번째는 기획출판, 두 번째는 자비 출판이다. 콘셉트, 저자의 인지도, 사회적 트렌드 등을 보고 출판 방법을 선택하면 된다. 두 가지 중 선택이 애매하다면 기획출판에 도전했다가 계속 거절당한다면 자비 출판으로 넘어가는 방법을 추천한다.

출판 방법인 기획출판, 자비출판을 자세히 알아보자.

① 기획 출판

강의에서 기획 출판을 '진검승부'라 말한다. 내 원고를 출판사에 보내고 출판전문가의 평가를 받기 때문이다. 원고의 시장성과 참신성, 저자 인지도 등을 종합적으로 판단해 기획 출판 여부를 알려준다. 그래서 진검승부다. 진검승부에서 메일이나 전화로 "저희 출판사에서 출간하고 싶습니다."라는 답변을 받을 때 쾌감은 이루 말할 수 없다.

이름이 어느 정도 알려진 출판사는 하루 평균 5개 이상 원고를 투고 받는다고 한다. 간단한 계산으로 '20일 X 5개 원고=100개 원고'로 한 달에 100개 이상에 원고를 받는 셈이다. 100개 중에서 하나가 선택된 것이다. 저자로서 쾌감은 당연하다. 대형 출판사, 중소형 출판사 여부를 떠나 기획 출판된 것만으로도 저자로서 인정받는 일이다.

저자로서 진검승부를 펼칠 기획출판은 출판사 이메일 주소와 '출간 제안서'가 필요하다. 출판사 이 메일은 출간된 책 판권 페이지에 메일 주소를 모으면 된다. 원고 콘텐츠와 같은 장르로 출간한 출판사 메일을 모을 필요가 있다. 또 다른 방법은 홈페이지가 있는 출판사에 원고 투고 게시판을 활용하면 된다.

출간 제안서는 ①저자 소개 ②기획 의도 ③제목과 부제 ④예상 독자층 ⑤예상 마케팅과 활용 전략 ⑥연락처 등을 넣고 목차도 넣는다. 출간 제안서는 정중함은 기본 중 기본이다. 원고는 전부 또는 일부만 첨부해도 된다. 강사 프로필도 첨부하자. 자기 PR의 방법이다. 만약 여러 곳에 동시 발송한다면 '개별 발송'을 체크하고 발송하면 된다.

출판사에서 연락이 오면 인세, 계약금, 출간 시기 등을 협의해서 계약을 진행한다. 당장 연락이 오지 않는다고 조급하게 생각하지 말자. 출판사도 원고를 검토할 시간이 필요하다. 2~3주 여유 있게 기다리다 연락이 오지 않으면 다시 투고를 시도하면 된다.

몇몇 스타 저자를 제외하고 인세로 수익을 올리기는 쉽지 않다. 정가 14,000원인 책 한 권의 인세는 8~14% 사이이다. 초보 저자는 10% 미만이다. 초판이 2천 부라 한다면 인세는 280만 원이다. 유명한 강사나 출판사가 마케팅에 투자하지 않으면 개인이 2천 부 판매는 쉽지 않다. 인세에 대한 욕심은 긍정적인 욕심이다. 하지만 인세에 함몰된다면 이후 활용 전략을 놓칠 수 있다.

다음 투고 인사말 예시로 여러 출판사에 러브콜을 받은 인사말과 제안서다.

안녕하세요. 강사와 상담사로 활동하고 있는 ○○○이라 합니다. 현재 청소년 분야에서 큰 인기를 끌고 있는 ○○교육연구소 대표이기도 합니다. 전국을 무대로 강의, 상담 등의 다양한 콘텐츠로 활동하고 있습니다. 강의에서 가장 인기가 있는 '○○○(콘셉트)' 원고를 집필했습니다.

○○○은 일반 기업, 대학교, 사회단체 등 강의와 상담을 다니며 많은 사람이 관계 때문에 힘들어한다는 사실을 매번 느낍니다. 대부분 상대를 제대로 알지 못해 힘들어하는 공통점이 있습니다. 특히 청소년, 대학생, 직장인 등 20~30대는 자신의 성향이나 기질을 알지 못하고, 40~50대는 타인을 몰라서 고민합니다.

모든 일은 관계에서 시작된다고 생각합니다. 관계가 어렵다면 능력이 있어도 제대로 발휘하지 못하는 게 현실입니다. 이 원고는 ○○○을 통해 자신을 알고 타인을 알아가는 과정을 이야기했습니다. ○○○으로 성향과 기질은 물론 직업, 대인관계, 취미 생활 등을 담았습니다. 자신이 좋아하는 ○○○만 알면 쉽게 파악할 수 있습니다.

최근 상담을 통해 자신의 길을 찾아가는 사람이 많습니다. 하지만 시간적 물리적 한계가 있어 상담을 어려워합니다. 이 원고에는 ○○테스트가 있어 상담 못지않은 효과를 낼 수 있습니다. 추가해서 ○○ 심층 테스트, ○○상담 예시를 출판사와 협의 후 작업이 가능합니다. 상담자의 그림도 첨부 가능합니다.

출간된다면 학교 등 집단 상담이 필요한 곳에 교재로 활용할 예정이며 현재 ○○기수까지 진행 중인 ○○○○전문가양성과정에서 활용할 예정입니다. 꾸준히 활동하고 있는 블로그와 SNS에 책을 홍보할 계획을 하고 있습니다. 현재 출강 나가는 기업체에서 교재로도 선정 가능합니다.

혼밥, 혼술 등 관계 때문에 어려운 사람이 늘어나 출판심리 분야에는 '개인주의' 내용이 많습니다. ○○○○은 개인을 보호하면서 상대를 배려하는 강점이 있습니다. ○○○○으로 출간된 책은 국내도서는 2종, 번역도서는 3종입니다. 출판시장에서 ○○○○은 새로운 콘텐츠이며 시장이라 생각합니다. 원고검토 바랍니다.

○ ○ ○ (010-1234-5678)

○○ 대학교 대학원 ○○○○학과 졸업

출강 리스트, 수상내역 등

② 자비 출판

출판사 투고를 여러 곳 했지만, 연락이 없다면 시장성, 참신성, 인지도 등 무언가를 충족시킬 수 없기 때문이다. 다시 투고할 수 있지만, 시간과 감정에 한계가 있다. 모든 책이 시장성, 참신성, 인지도가 있을 필요는 없다. 책은 각각에 명분이 있다. 꼭 잘 팔리는 책이 전부가 아니다. 출간 자체에 목적을 둔 자비출판을 하면 된다. 자비 출판에서 중요한 건 퀄리티다. 무조건 싸게 낸다고 좋은 건 아니다. 사실 싼 가격 때문에 저가 자비 출판을 했다가 지인에게 나누어주기도 창피하다는 저자를 종종 볼 수 있다. 더 알아보고 했다면 괜찮은 책이 나올 수 있었다.

포털 사이트에 '자비 출판'이라 검색하면 많은 출판사가 나온다. 출판사마다 포트폴리오, 비용, 유통 방법 등이 상세히 나온다. 자비 출판사를 선정할 때 포트폴리오를 보면 퀄리티를 알 수 있다. 더 자세히 알고 싶다면 출판사 책을 구매해 읽어 보자. 교정, 교열, 내지 디자인 수준을 살펴보는 것도 좋은 방법이다. 홍보, 마케팅 등 추가비용 발생 여부를 꼼꼼히 따질 필요가 있다. 인터넷에는 퀄리티가 높은 자비 출판사가 많다. 좋은 곳을 선택하면 많은 시너지를 낼 수 있다. 손품, 발품을 팔아서 좋은 곳을 만나면 된다.

유명 강사는 출판사가 먼저 찾아와 원고를 달라고 한다. 계약도 최고 대우로 해 준다. 강사로서 출판사가 먼저 찾아와 주기 전까지는 먼저 출판사 문을 두드려야 한다. 이런 수고 없이 출간은 이어질 수 없다. 기획 출판, 자비 출판. 무엇이든 수고가 반드시 필요하다는 점을 알자.

모든 메시지는 고유에 가치가 있다. 가치를 발휘하기 위해선 책으로 나와야 한다. 출판사를 거치지 않고 책은 세상에 나올 수 없다. 좋은 출판사는 알아서 오지 않는다. 먼저 찾고 적극 자신을 알려야 출판사는 관심을 보인다.

저서가 놀 수 있는 판(板)을 만들어라

성공적인 출간을 위해서는 '판'의 중요성을 말하고 싶다. 판을 기반으로 두고 있을 때 성공적인 결과를 이끌어낼 수 있다. 가령 판을 가진 구글, 네이버, 페이스북 같은 기업의 매출액이 유명 제조 회사를 이긴지 오래다. 판은 2000년 초반 싸이월드를 시작으로 개인에게 내려왔다. 개인이 판을 만들어 내는 서비스는 특별한 기술 없어도 누구나 만들 수 있다. 누구나 판을 만들 수 있고, 잘 활용해서 돈으로 만들어 내는 사례도 수없이 많다.

책도 판이 있어야 많은 사람이 읽는다. 온, 오프라인 서점은 물론 유튜브, 페이스북, 트위터, 블로그, 카페에서 책 홍보를 볼 수 있다. 100권을 펴내도 판이 없어 있는 듯 없는 듯 사라지는 책도 있고, 딱 1권인데도 판이 있어 많은 독자에게 사랑받은 책도 있다.

2015년 출판계에 핫이슈는 채사장 저자의 《지적인 대화를 위한 얕고 방대한 지식》이다. 출간 2년 만에 300쇄가 넘을 만큼 인기를 끌었다. 출판 시장 인문학 열풍에서 "꼭 어려운 책을 읽어야 하는가?"에 대한 화두를 던지며 출간된 책이다. 이 책은 저자가 진행했던 팟캐스트를 재구성했다. 이미 판이 형성된 책이었다. 그리고 새로운 화두를 던지며 저자 채사장은 한 권의 책으로 300쇄를 돌파시켰다.

만약 팟캐스트를 하지 않았다면 지금과 같은 인기를 끌 수 있었는지는 알 수 없다. 분명한 건 팟캐스트란 판이 있었기에 독자의 사랑을 받을 수 있었고, 추천이 꼬리에 꼬리를 물고 베스트셀러를 만들어냈다.

자신만의 판에서 소소하게 올린 콘텐츠가 출판사 러브콜을 받은 일도 있다. 대학생의 사랑 이야기를 만화로 그려 SNS에 올린 L 저자를 지인 소개로 만났다. 페이스북에 6만 5천 명이 그림을 보고 '좋아요' 누르고 '공유'를 했다. 미술을 전공한 L 저자는 남자친구와의 러브 스토리에다 캐릭터를 만들어 SNS에 꾸준히 올렸다. 처음에는 대학생이 그린 예쁜 그림 정도로 생각했다고 한다. 하지만 1년 넘게 연재하자 만화가 언제 올라오는지 묻는 팬이 생길 정도였다.

페이스북에서 이미 검증된 L 저자를 처음 봤을 때 기획 출판이 가능할 거라 생각했다. 정중한 자기소개와 페이스북 링크를 올려 투고했다. 그리고 L 저자와 점심을 먹었다. 점심을 먹는 1시간 동안 출판사 3곳에서 출간하고 싶다고 연락이 왔다. 그중 L 저자의 페이스북을 꾸준히 지켜봤다는 출판사와 좋은 조건으로 계약했다. 출간 후 SNS를 활용해서 많은 홍보를 하고 있다. 판이 있기에 계약도, 홍보도 원활히 이루어졌다.

출판사는 원고의 시장성, 신선함, 저자 인지도 등을 본다. 이중 저자 인지도를 파악하는 곳이 인터넷이다. 원고 내용을 우선으로 보지만 저자의 흔적이 많을수록 계약에 유리한 건 사실이다. 출판사의 입장에도 인지도가 있는 저자를 선택하고 싶은 건 당연한 일이다. 출간은 물론 강사로서 자신이 얼마나 많은 판에서 활동하고 있는지 점검할 필요가 있다.

작년 여름, 소설 《삼국지》에 등장하는 장수의 처세법을 읽었다. 삼국통일 기반을 완성한 인물로 사실상 삼국지 최후 승리자다. 하지만 드라마틱한 유비 형제와 영웅과 간신의 상징 조조 때문에 큰 빛을 보지 못한 인물이다. 그를 다룬 책은 국내에 몇 권 없다. 몇 권 없는 책 중 신간이 나와 반가운 마음으로 읽었다. 궁금한 게 생겨 저자에게 문의하고 싶었다. 하지만 책날개에 저자 메일 주소나 SNS가 없었다. 출판사 메일을 찾아 궁금한 내용을 문의했고, 출판사를 통해 답장이 왔다. 비슷한 시기 개인적인 모임에서 저자 특강을 모시고 싶었다. 연락할 방법이 출판사를 걸쳐야 하니 번거로웠다. 결국, 저자를 강사로 초빙하지 않았던 기억이 있다.

출간 후 저자는 독자의 반응을 궁금해한다. 주위 지인이 아니라 아무 관계 없이 오직 책으로 관계를 맺은 독자와 소통하고 싶어 한다. 독자와 소통하고 싶어 책날개에 메일 주소를 넣고 SNS를 넣는다. 심지어 핸드폰 번호까지 넣는 저자도 있다. 자신을 밖으로 드러내려는 방법이다. 연락처가 없는 이유가 있겠지만, 저자와 소통하고 싶은 독자로서 아쉬운 건 사실이다. 누군가 이 장수에 대해 강의 의뢰를 한다면 나와 마찬가지로 직통이 아닌 출판사를 통해야 하는 불편함을 감수해야 한다. 그래서 미리 판을 만들고 책에 메일이나, SNS 주소를 남겨야 소통할 수 있다. 출판사도 적극적인 저자를 좋아할 수밖에 없다.

출판사에 최종 원고 전송이 끝나면 교정, 교열, 디자인 등 2~3개월 시간이 필요하다. SNS를 구축했다면, 출판사와 협의해 책 내용 일부를 미리 올리는 방법으로 홍보하면 된다. SNS를 하지 않았다면 출간 전 2~3개월을 활용해 구축하면 된다.

강사 중에도 SNS를 하지 않는 강사도 많다. SNS가 강의를 불러오지만, 절대적이라 할 수 없기 때문이다. SNS를 하지 않아도 강의를 잘하면 입소문으로 강의가 들어오는 경우가 더 많다. SNS에 에너지를 쓰는 것보다 강의에 집중하는 게 유리하다는 설명이다. 책은 다른 개념의 홍보가 필요하다. 입소문이 최고의 마케팅이지만 확산에는 많은 시간이 걸린다. 출간을 앞두고 있다면 판을 만들어 놓자. 출판사에 최종 원고를 넘긴 2~3개월을 골든 타임이라 생각하자.

책 안에는 내 생각과 경험, 지식, 노하우가 녹아 있다. 책은 '또 다른 나'다. 멋지고 잘나가는 나를 기대한다면 마음껏 놀 수 있는 판을 만들길 추천한다. 판에서 또 다른 내가 마음껏 놀고 있다면 매력적으로 독자에게 다가갈 수 있다.

출간 전 판을 미리 만들자. 앞에도 이야기했던 연구소도 만들고, 호흡이 짧아진 독자를 위해 짤막한 글로 예비 독자를 미리 확보하자. 독자가 모이면 강사로 당신을 초청할 수 있다. 판을 만들어야 모일 수 있고, 연락을 줄 수 있다.

모든 청중이 당신을 좋아하지 않듯

강의 평가의 냉정함을 넘어 '강사 지옥훈련소'란 별명을 가진 곳에서 강의하는 지인 강사 둘이 있다. 어느 날 한 강사에게 메신저가 왔다. 강의 평가가 잘 나와서 내년에도 무난히 계약할 수 있다는 내용이다. 그의 행복감을 느낄 수 있었다. 비슷한 시기 다른 강사에게 연락이 왔다. 열심히 준비했고, 청중 반응도 좋았는데 점수가 낮게 나와 안타까워했다. 아무리 그래도 중간을 나올지 알았는데 예상 밖에 점수가 나오자 다시는 가지 않겠다며 솔직한 심정을 토로했다.

청중의 반응이 아무리 좋아도 평가 점수와 비례하지 않는다. 100명이 청강하면 100명 모두가 다른 컨디션, 다른 생각, 다른 상황에 있기 때문에 100명 모두 만족하는 강의는 할 수 없다. 누군가 낮은 점수를 주면 평균을 확 깎아 먹는 건 어쩔 수 없는 강사의 숙명이다.

강의 점수는 강사에게 애증(愛憎) 같은 존재다. 점수가 잘 나오면 강사로서 인정받아 기쁘다. 반대로 점수가 나오지 않으면 상처도 받지만, 원인을 찾아 발전할 수 있는 계기가 될 수 있다.

모든 직업이 평가에서 벗어날 수는 없다. 그중 강사는 자유롭지 못한 정도가 다른 직업보다 훨씬 높다. 일반 회사는 분기별 또는 일 년에 한 번 평가받지만, 강사는 강의가 끝나고 일주일 안에 결과를 받아본다. 매일 이어지는 평가에서 평정심을 유지하는 방법이 없다면 강사로서 버티기 힘들다.

출간에도 평정심이 필요하다. 출간 후 책은 독자의 평가 한가운데에 떨어진다. 평가에 따라 기쁘기도 하고, 슬프기도 하며 화가 날 때도 있으며, 동기 부여를 받거나, 발전할 기회를 준다. 독자 평가에서 받아들여야 하는 평가는 받아들이고 잊어버릴 평가는 잊어야 한다. 좋은 평가에 기뻐서 좋고, 나쁜 평가에 우울할 필요가 없다. 그래서 평정심이 중요하다.

저자로서 기쁜 순간을 뽑으라면 독자에게서 메일이 올 때다. 책을 읽어준 것도 감사한 데 메일까지 주니 황송할 따름이다. 필자도 책 내용 문의나 진로 고민, 감사 메일까지 다양한 내용이 온다. 독자와 소통은 저자로 기쁜 일이다. 여기에 독자와 또 다른 소통법이 있다. 바로 '네티즌 리뷰다. 인터넷에는 하루에도 수십 권에 책이 쏟아진다. 네티즌 리뷰도 수백 개씩 올라온다. 책을 칭찬하고 추천하는 리뷰도 볼 수 있고, 객관적 평가를 한 리뷰도 볼 수 있다. 독자의 입장에서는 책 선택에 유용한 정보다.

저자도 네티즌 리뷰를 궁금해한다. 칭찬을 보면 흐뭇하고 따끔한 글이 있으면 한없이 부끄럽다. 때에 따라 악의적인 리뷰를 보면 다음 책의 집필 의지를 꺾어버리는 경우가 있다. 마음에 상처를 받을 수밖에 없다. 이 부분은 누구도 대신할 수 없다. 스스로 감내해야 하며 다음 책에 반영해야 한다.

출간 목적 중 하나는 세상에 긍정적인 영향력을 미치고 싶어서다. 하지만 모두가 내 마음 같지 않고 출간 의도나 목적을 모르는 사람이 절대다수다. 여기에 출판 시스템을 모르는 사람도 많다. 일일이 대응하면 내 에너지만 뺏길 뿐이다. 때에 따라 책에 대한 비난을 묵묵히 감내할 때도 있다. 이 부분에 대해 필자의 경험은 《1인 미디어 집필수업》에서 자세히 이야기했었다.

오랫동안 근무한 경력으로 출간한 O 강사가 있다. 출간을 앞두고 코칭을 잘해 주었다고 식사 대접을 받았다. 보통 출간이 임박했다면 기대가 커서 기분이 올라간 경우가 많지만, 그는 상당히 차분해 보였다. 출간 후 필요한 홍보 등 구체적인 계획을 이야기하는 과정에서도 차분함을 느낄 수 있었다.

출간 후 계획대로 홍보를 시작했다. SNS에 꾸준히 올리고 강의를 다녔다. 처녀작을 내놓은 저자답지 않게 차분히 홍보를 이어갔다. O 강사의 책은 베스트는 아니더라도 꾸준히 판매되었다. 시간이 지나 첫 책 출간이 기쁘지 않았냐를 물었다. O 강사는 당연히 기쁘지만 모든 일에 일장일단이라 말했다. 출간 후 여러 사람 입방아에 오르락내리락하는 게 부담이었고, 일일이 대응할 시간적 여유가 없었기에 애초에 행동을 조심스럽게 했다. 그러면서도 꾸준히 홍보하며 판매한 O 강사가 대단해 보였다.

출간은 '분신을 내놓는다.'라 표현할 만큼 흥분된 일이며 누굴 만날 때마다 내 책을 당당히 선물할 수 있다. 강사 직업 말고도 저자 또는 작가라는 이름도 준다. 기쁜 일이다. 하지만 출간이 주는 흥분과 환희는 잠깐의 감정으로 끝내지 않으면 탈이 생긴다. 출간 전 스스로 한계선을 정하고 딱 그만큼만 기뻐하자. 조금은 냉정하게 출간 후 미래를 그리면서 차분히 홍보한다면 새로운 기회가 조용히 찾아올 수 있다.

우리는 타인의 시선에 신경 쓰지 말라 한다. 하지만 사람이기에 어렵다. 다른 사람 입에 부정적으로 오르락내리락해서 좋을 것도 없다. 출간은 칭찬도 있지만, 부정적인 평가도 있다. 여러 상황을 미리 구상할 필요가 있다. 그 시작이 바로, 평상심이다. 평정심은 모두가 나를 좋아하지 않는다는 사실에서 시작된다.

강의에서 모든 청중이 당신을 좋아하지 않는다는 걸 잘 알고 있다. 출간도 그러하다. 좋은 메시지만 넣어도 입방아에 오른다. 출간 후 부정적인 평가가 있다면 성장통으로 생각하고 취할 건 취하고, 버릴 건 버리자. 그리고 평정심으로 홍보하고 강의를 나가자.

책을 강의로 만드는 법

마이크를 잡은 강사는 1분이지만, 청중이 100명이면 100분 시간을 사용하는 일이다. 타인의 시간을 사용했으니 강사는 책임감 있게 1분을 사용해야 하는 의무가 있다. 강사에게 '책임감 있는 1분'의 중요성을 개인적인 경험으로 깨닫게 되었다.

군복무시절 부대 안에는 큰 교회가 있었다. 대략 500명이 모일 수 있는 교회로 이름 있는 강사가 온다며 강의를 듣게 했다. 당시 강사 직업에 관심이 있어 기대가 컸다. 강의 주제는 '인생을 잘 살아가는 방법'으로 나이가 지긋해 보이는 강사가 무대에 올라 강의를 시작했다. 같은 톤의 목소리로 잘 살아가는 방법을 강의하고 있었다. 15분 정도 지났을까 병장은 대놓고 졸고 있었고, 상병들은 눈치껏 졸고 있었다. 일병, 이병은 졸음과 싸움을 하고 있었다. 지루한 시간이었다. 강사가 제시한 인생을 잘 살아가는 방법은 긍정적인 마인드, 운동, 독서, 공부, 웃는 얼굴, 인사 잘하기 등을 나열했다. 필자도 졸음을 참기 위해

눈을 비벼야 했다. 그러다 고개를 돌려 교회에 걸린 큰 시계를 보게 된다. 초침이 59초에서 60초 넘어가며 분침이 1분 후로 미세하게 움직였다. 갑자기 정신이 번쩍 들었다. 강사님은 1분이지만 500명에겐 500분이라는 생각이 스쳤다.

당시 강사의 1분이 청중의 입장에선 500분이라는 생각을 깊이 새겼다. 시간이 흘러 강의의뢰가 들어오면 가장 신경 쓰는 부분이 실용적 강의다. 실용성도 나열하는 게 아니라 정말 몇 가지만 강의한다. 다 주려 하면 결국 탈이 나기 때문이다. 딱 몇 가지만 선택과 집중하면 청중의 1분은 아깝지 않다. 강의하는 강사는 핵심을 잘 뽑아 잘 전달하는 문제에 고민할 수밖에 없다. 나에게는 1분이지만 청중은 몇백 분이 될 수 있기 때문이다.

수필 형식에 책이 아니라면 주장과 근거, 해결책이 있어야 한다. 종종 문제점만 잔뜩 늘어놓고 해결책이 없는 책을 보게 된다. 여운이 아니라 배설이라는 생각이 든다. 독자 눈높이에 맞게 해결책을 풀어내야 깔끔한 책이다. 해결책이 없다면 독자는 '어쩌라는 거지?'라며 따진다. 강의도 그렇다. 1시간 내내 문제점만 나열하거나, 중구난방으로 핵심 없이 해결책만 늘어놓으면 배설에 불과하다. 바쁜 현대인은 해결책을 스스로 찾을 여유가 없다. 강의에서 직접적인 해결책을 주지 않으면 뒤도 돌아보지 않고 떠난다.

강사에게 저서가 있다면 나만의 확실한 콘텐츠를 청중에게 보일 수 있다. 유사한 콘텐츠는 있어도 나만의 것은 세상에 하나뿐이다. 해결책도 유사할 수 있어도 나만의 해결책 버전이 다르다. 책이 있다면, 책에 담긴 나만의 해결책으로 강의하면 된다.

책을 강의로 만들기는 출간 전 2~3개월 사이가 최적의 시간이다. 이 시기 60분~90분 강의를 미리 만들 것을 주문한다. 강의를 만들 때 목차를 많이 참조하라 말하고 싶다. 특히 출판사에서 다져놓은 목차는 일목요연하다. 목차 안에서 강의 흐름을 만들 수 있다. 필자 역시 1인 기업 강의가 들어오면 《1인 기업이 갑이다_실전편》에 담긴 6단계 목차를 보고 1시간에서 6시간 강의를 만든다. 목차가 있으니 특별히 고민하지 않고 강의를 만들고 진행할 수 있다.

코칭했던 강사 중 저서를 잘 활용하는 강사에게는 다음과 같은 공통점을 찾을 수 있었다.

첫 번째는 책에 담지 못한 부분을 강의에 넣는다. 강의마저 책과 똑같이 한다면 책을 읽는 게 좋을 수 있다. 책에 담지 못했던 부분을 넣어 책과 다른 맛을 느끼게 한다. 여기에 지면에 담지 못했던 그림이나 통계도 넣으며 책과 다른 맛을 느낄 수 있다.

두 번째는 청중이 원하는 핵심을 2~3가지로 뽑아낸다. 책에는 무수한 메시지가 있다. 이중 핵심만 뽑아내 강의한다. 강의 초반에 문제를 제기하고, 해결책 2~3가지를 강의한다. 문제 제기와 해결책을 통해 한 권의 책을 보는 느낌이라 청중은 말한다.

세 번째는 지나친 홍보를 피한다. 책 중심의 강의지만 책을 팔겠다고 강의하면 반감을 일으킨다. 청중은 책 사러 온 게 아니라 강의를 듣기 위해 왔다. 강의를 듣고 구매해 주면 감사할 따름이다.

강사에게 책은 또 다른 강의 버전이다. 그 안에 있는 해결책도 나만의 버전이다. 출간 전 책을 바탕으로 나만의 버전으로 강의를 만들자. 책과 강의는 유기적이다. 둘을 가지고 있다는 건 지식 서비스에 핵심과 장점을 가지고 있다는 뜻이다. 책과 강의. 두 가지를 할 수 있다면 어느 강사보다 유리한 상황에 있는 셈이다. 강의를 만들 때 멀리서 찾지 말고, 내 이름으로 된 책을 바탕으로 만들어라. 강의와 책 두 마리를 동시에 잡을 수 있다.

나를 알리듯 책을 알려라

모든 게 넘치는 과잉 공급 시대다. 책이라고 다를 것 없다. 오프라인, 온라인 할 것 없이 하루에도 쏟아지는 책들이 독자를 기다리고 있다. 팔지 못하면 책은 있는 듯 없는 듯 사라진다. 자신이 가진 모든 지식, 경험, 노하우를 담았고, 정말 힘들게 집필했는데도 있는 듯 없는 듯 사라지면 저자도, 출판사도 아쉬운 일이다.

출간을 앞둔 저자 중에는 "안 팔려도 좋으니, 단 한 사람이라도 변화하기 바란다."고 말하는 경우가 있다. 출판사의 입장에서는 답답한 일이다. 몇백만 원 혹은 몇천만 원을 투자해서 책을 출간한다. 저자는 한 사람만 읽기를 희망하면 그 손해를 고스란히 출판사가 안고 간다. 자비 출판도 마찬가지다. 투자 대비 인세로 남기지는 못해도 강의 요청이나 인지도, 존재감 등 무언가 있어야 하지 않을까? 그래야 다음 책을 쓸 수 있는 동기 부여가 될 수 있다.

자본이 지식이라는 건 증명된 지 오래다. 지식이 없다면 자본으로 만들어내지 못한다. 오래전부터 지식은 상품화되었다. 지식을 돈으로 사고, 팔고 있다. 시대가 변해도 지식의 원천은 책이다. 지식의 원천인 책을 상품의 관점으로 본다면 많은 독자 알아서 팔아야 한다.

판매에서 책을 대량생산한 공산품처럼 무조건 팔아야 한다는 주장이 아니다. 책이 가진 여러 가지 고유성에 상품성을 추가하자는 뜻이다. 책을 상품으로 본다면 판매를 무시할 수 없다. 판매를 위해 마케팅하고, 홍보해야 한다. 책에는 자신의 이름과 지식, 경험, 노하우가 있다. 나의 분신이다. 강의에서 나를 알리고 듯 책도 알리며 책에 생명은 오랫동안 이어진다.

코칭을 받고 출간한 S 강사가 있다. 나이를 묻지 못했다. 자녀의 나이를 계산하면 낮게 잡아도 60세는 넘었다. 그는 강사 생활을 50대 중반에 시작했다. 열정적 활동으로 자리도 빨리 잡고 지역에서 인기를 끌고 있다. 지인 소개로 책쓰기 코칭을 의뢰했다. 주제를 잡고 3개월 동안 코칭을 했다. 원고 투고를 앞둔 시점에서 좋은 출판사와 연결될 거라는 느낌을 받았다. 이유는 그의 마케팅 능력 때문이다.

그를 처음 만나고 전화번호를 교환했다. 매일 아침 7시~9시 사이 메신저에 그가 공유한 좋은 글이 전송된다. 3년째다. 주말을 제외하고 보낸다. 종종 강사활동이나 언론인터뷰 글도 보낸다. 아침마다 S 강사의 메신저를 보면 자명종처럼 정신이 들 때가 있다. 그의 성실성에 정신을 차리게 된다.

S강사는 매일 보내는 글, 강사 활동, 언론 인터뷰를 카카오톡, 블로그, 페이스북, 개인 연구소 홈페이지에 연동한다. 포털사이트에 이름을 검색하면 활동 사진이 나오는 건 기본이다. 곳곳에 자신의 흔적이 있다. 원고 투고를 받은 출판사와 미팅 때 SNS와 포털 사이트를 보고 강의 시장에 이미 인증이 된 사람으

로 인식하고 있었다.

그는 출판사 계약이 끝나고 출판사 동의를 얻어 원고 일부 내용을 SNS에 올리기 시작했다. 사전 홍보 활동이다. 꼭지별로 독자에게 주고 싶은 핵심 메시지를 올렸다. 처음에는 반응이 없다가 2개월간 꾸준히 올리면서 반응을 보였다. 고정으로 댓글을 다는 사람이 생겼다. 표지가 나오자 본격적으로 홍보하기 시작했다. 출간 후 S 강사의 충성 고객과 SNS 고객이 책 구매로 이어졌다. 여기에 모객(募客)도 능숙하게 하며 출간 기념회를 성대하게 마쳤다.

S 강사는 강의를 나가면 명함 대신 책을 나눠주고, 언론 인터뷰가 있으며 책을 들고 사진을 찍는다. 최근에는 인터넷 방송을 하고 있다. 방송 데스크에는 S 강사의 책이 있다. 방송 콘텐츠도 책 내용 안에서 이루어진다. 활동 덕분인지 두 번째 책을 함께하고 싶다며 출판사에서 연락이 왔다. 자신을 알리듯 책을 알리며 책과 동반 성장하고 있는 모습이다.

과거에 비해 출간의 장벽은 많이 낮아졌다. 누구나 책을 낼 수 있는 시대에서 책 공급이 많다. 누구나 책을 팔아야 하는 과제를 앞두고 있다. 강사는 자신을 알리기 위해 일정 기간 분투했던 시절이 있다. 그 시절을 기억하며 책을 알리자. S 강사도 자신을 알리고, 책을 알리는데 많이 힘들어했다. 하지만 일정수준 올라가자 습관처럼 홍보하기 시작했다고 한다. 두 번째 책도 분명 잘될 거라 믿는다.

홍보를 잘하는 강사는 공통점 세 가지 있다. 정리하면 다음과 같다.

첫 번째 지인 판매로 일시적 베스트를 노리지 않는다. 책이 나올 때쯤 지인들에게 구매해 달라고 할 수 있다. 지인에게 책이 도움 된다면 상관없다. 아니면 1~2권은 의리로 구매해줄 수 있다. 딱 거기까지다. 첫 책이 지인 판매로 베스트가 될 수 있어도 2권 째부터는 힘들다. 처음부터 지인이 아닌 책으로 평가받는데 익숙해질 필요가 있다. 지인 판매는 첫 책에서 끝내자. 책 판매에 진검 승부는 얼굴도 모르는 순수한 독자가 구매할 때다.

두 번째 정확한 독자층 개념을 잡고 행동한다. 집필한 사람이 정확한 독자층을 모른다면 누가 알 수 있을까? 정확한 독자를 알고 있다면 독자가 모이는 곳이나 활동하는 SNS에 홍보할 수 있다. 정확한 독자를 알면 낭비 없이 홍보할 수 있다. 정확한 독자층에 대한 개념을 세우고 홍보한다.

세 번째 꾸준함이 있다. 어떤 상품이든 판매로 연결되기 위해선 어느 정도 꾸준함 있어야 한다. 이 부분이 제일 어렵다. SNS 활동, 우편 발송, 간접홍보 등 무엇이든 꾸준하면 홍보가 된다. 책은 또 다른 나다. 꾸준히 알리면 나와 책은 동반 성장한다.

책을 알리는 부분에서 세계적인 베스트셀러 《영혼을 위한 닭고기 수프》의 이야기를 참조할 필요가 있다. 컨설턴트 마크 빅터 한센과 잭 캔필드는 공저로 원고를 집필했다. 출판사 350곳을 투고했지만 모두 거절당한다. 어렵게 한 출판사와 계약하고 출간한다. 판매는 순조롭지 않았다. 두 저자는 책을 〈뉴욕 타임즈〉 베스트셀러 목록에 올려놓겠다고 다짐하고 하루 다섯 가지 실천을 시작한다. 라디오 출연을 요청하거나, 책에 대한 비평해줄 기자를 찾아간다. 마케팅회사, 교회, 기관 등 전화를 걸어 책을 홍보했다. 강의 기회가 있으면 무료 강의를 하고 북 콘서트를 열었다. 유명인의 주소를 알아내 책을 보내는 등 하루 다섯 가지를 꾸준히 실천한다. 이런 노력의 결실은 정말 우연한 곳에서 일어난다. 미식축구선수이자 유명배우 OJ 심슨 사건에서 배심원 4명이 《영혼을 위한 닭고기 수프》를 들고 있는 사진이 신문에 실린다. 그 후 사람들이 관심을 보이기 시작하며, 판매량이 늘어났다. 이후에도 다섯 가지를 2년 이상 실천한다. 지금 《영혼을 위한 닭고기 수프》는 41개 언어, 170개 제목으로 출간되고 있다. 우리나라에도 청소년 편 등 시리즈로 계속 출간 중이다.

나를 알리듯, 책을 알리면 언제 어디서 어떻게 기회가 올지 모른다. 설사 기회가 오지 않는다 해도 열심히 움직이고 있다는 점을 출판사나 관계자에게 간접적으로 알리며 다음 기회를 잡을 수 있다. 내 몸값을 정하고, 그에 합당한 능력이 있어야 하며, 마케팅해야 한다.

출간했다면 끝이 아니다. 새로운 시작이다. 어떻게 하면 책과 나를 판매할까 고민해야 한다. 세계적인 베스트셀러는 아니더라도 강의가 끝나고 내 책을 미리 읽고 사인받는 청중이 나오는 기쁨은 맛봐야 하지 않을까?

제5장
프로강사의 메커니즘을 이해하고 써라

한가한 시간은 없다
그래서 즐겨야 한다

주 청중이 학생인 강사는 1~2월, 7~8월은 대체로 한가한 시기다. 그렇다고 한가하게 시간을 보내는 강사는 없을 것이다. 부족했던 공부나, 해외여행으로 에너지 충전을 하고, 다음 시즌 강의 콘텐츠를 보강한다. 다시 3월, 9월이 시작되면 바쁘게 움직일 준비를 한다.

강사는 직장인처럼 일정한 업무나 생활이 어렵다. 오전 일찍 강의가 있다면 전날 출발하거나 새벽에 일어나야 한다. 급하게 부탁받은 제안서나 강의를 거절하기 힘들어 밤새 제안서 작성, 강의 준비를 한다. 생활이 일정하지 못해 힘도 들지만, 그것이 오히려 강사라는 직업의 장점이기도 하다. 조직에 있는 사람은 강사의 자유를 부러워하면서 자유가 주는 책임감 때문에 강사에 도전하지 못한다. 자유에는 언제나 책임이 따르기 때문이다.

롱런하는 강사를 살펴보면 자기 관리를 정말 잘한다. 특히 스스로 책임감을 부여하는 능력이 탁월하다. 그중에서도 충동적 욕망을 잘 관리한다. 충동적 욕망을 잘 관리하는 강사를 보면 강사 직업은 아무나 할 수 없는 직업이라 생각한다.

영업 스킬을 전문적으로 강의하는 K 강사와 저녁 식사를 했다. 오후에 영업사원 대상으로 '점프업'이란 강의하고 왔다. 이름은 '점프업'이지만, 작년 영업저(低) 성과 재교육이었다. 전체적인 분위기는 좋지 않았다. K 강사는 온 정성을 쏟았지만, 낮은 성과의 낙인 때문인지 무엇해도 청중 의지가 살아나지 않았다고 한다. 강사로서 기운 빠지는 일이다. 강의가 끝나고 즉석에서 강의 평가받았다. 강의 평가에서 어느 청중이 '이 강의를 왜 들어야 하는지 모르겠다.'란 글을 남겼다고 한다. 첫 거래처라 K 강사 나름으로 열심히 준비했는데 청중도, 결과도 엉망이었다. 저녁을 먹으며 술 한잔하자고 했다. 걱정이 몰려왔다. 이런 때 필자는 기억을 잊기 위해 과음할 때가 있다. 사실 다음 날 지장이 있을 정도 마실 때가 있다. 안 좋다는 걸 알면서도 가장 큰 상처가 사람에 받은 상처라마신다.

K 강사와 한두 잔 나누며 과음을 걱정한 나의 기우는 정말 기우였다. 그는 간단히 맥주만 마셨다. 그리고 이런 일을 즐기자는 한마디를 던지고 끝냈다. 다음 날 전화를 하니 운동 중이었다. 그는 술을 좋아했고 다음 날 강의도 없었다. 한 번쯤 푹 마시고 싶은 날인데도 몇 잔 마시고 웃으며 끝났다. 술로 나를 내려놓고 싶은 욕망 관리를 잘하고 있었다. 그가 치열한 기업 강사 속에서 롱런하는 이유를 그날 알 수 있었다.

일정 생활 방식으로 사는 사람은 출근 때문에 충동적 욕망 관리를 해야 하고 습관화되어 있다. 하지만 강사는 출근도 없고, 상사도 없으며, 하루쯤 망가져도 큰 지장은 없을 때가 있어 충동적 욕망 관리를 잘해야 한다. 충동 욕망을 절제하지 못하는 1인 기업은 존재하지 않는다고 한다. 충동적 욕망을 절제하는 방법은 K 강사처럼 상황을 즐기고, 내일을 준비하는 방법이라 생각한다.

집필에도 즐기는 일이 중요하다. 머리에 맴도는 생각을 내가 아닌 타인이 읽게끔 글로 표현하는 일은 쉬운 일이 아니다. 여기에 일정한 생활방식으로 살아가지 못하는 강사는 집필이 더욱 어렵다. 앞에서 이야기했듯 개인 차는 있지만, 집필에 처음 도전하는 사람은 A4용지 2장을 채우는데 평균 3시간을 잡는다. 24시간 중 3시간이 큰 비중이며, 집중력을 끌어올리기 위한 시간도 더 필요하다. 출퇴근한다면, 출근 전, 퇴근 후 주말에 시간을 낼 수 있지만, 강사는 쉽지 않다. 수많은 강사를 살펴봐도 일정하게 시간을 낼 수 있는 강사는 많지 않다. 고로 집필할 시간이 부족하다. 시간이 없는 강사가 집필을 위해서는 즐기는 방법뿐이다. 강사를 코칭하면서 '어떻게 하면 즐기면서 쓸 수 있을까? 고민했다. 정답이라 할 수 없지만, 일정한 패턴이 어려운 강사라면 다음 세 가지를 실천해보자.

첫 번째는 집필 전 예열(豫熱)을 한다. 헬스장이 몰리는 시기는 1월이라 한다. 새해부터 운동을 다짐하며 1월에 많이 가입한다. 대부분 계획만큼 되지 않는다. 전문가들은 1~2월에 헬스장 갈 시간에 운동장 걷기 등 일정 시간 운동하는 습관을 만들라고 조언한다. 두 달 정도 습관이 완성되면 헬스장에 가라 한다. 집필도 그렇다. 평소 A4용지 한 장 써보지 않은 사람이 100장 쓴다는 건 어려운 일이다. 처음부터 집필에 도전하지 말자. 가벼운 마음으로 책 리뷰나 영화평론 정도를 블로그에 올리면서 쓰기 습관이 몸에 배면 책 쓰기에 들어가자.

두 번째는 100점 만점 중 70점 정도만 목표한다. 글은 100% 남 보라 쓰는 일이다. 그래서 잘 써야 하다는 압박이 심하다. 생각을 바꿔보자. 첫 책이다. 첫 책인데 출간만 해도 기쁜 일 아니겠는가? 완벽해야 한다는 생각을 내려놓고 70

점 정도만 목표하자. 부족한 부분은 개정판을 내거나 다음 책에 풀어내면 된다. 전업 작가를 꿈꾸지 않는다면 70점 정도만 생각하고 가볍게 시작하자.

세 번째는 준비가 되기 전까지 강박적 집필 의지를 버려라. 집필은 일정 시간, 일정 공간에서 일정하게 쓰는 게 제일 좋다. 여건이 안 되면 주말에 몰려 쓸 수 있고 내년으로 미룰 수 있다. 꼭 펴내겠다는 강박적인 상태에서 집필하면 지친다. 여기에 강박적인 집필을 실행하다 보면 생계에 영향을 받는다. 생계에 영향을 받는 집필은 마음이 불안해져서 쓸 수 없다. 조금은 유장한 마음으로 보자. 강사는 어느 직업보다 자기계발에 철저한 직업이다. 집필도 자기계발의 연장이지만, 강박적 도전은 실패를 부른다.

네 번째는 원고를 텍스트로 채워야 한다는 생각을 바꿔라. 책에는 그림, 사진, 도표, 써 보기, 정리해 보기, 낙서란 등 텍스트 말고도 많다. 텍스트로 꽉꽉 채워야 한다는 생각을 바꿔보자. 빈칸이 많다고 스트레스받지 말자. 저작권이 허락하는 범위에서 다양한 것을 넣을 수도 있다. 텍스트를 꽉꽉 채워야 하는 스트레스를 내려놓자.

시간이 한가한 강사가 몇 명이나 될까? 강의가 있다면 있는 대로 강의가 없다면 없는 대로 바쁘다. 그 틈에서 책을 써야 한다. 즐겁지 않으면 어려운 일이다. 처음부터 책을 써야겠다는 마음보다 생각을 글로 정리한다는 가벼운 마음으로 시작하자. 차츰 분량을 늘려 한 꼭지 분량이 나오고 한 꼭지, 두 꼭지 채우다 보면 한 권이 된다.

일정 수준에 진입한 작가는 백지나 컴퓨터 앞에 있다면 자기 생각대로 글을 써 내려갈 수 있다. 그 전에 명확한 목표가 있으며, 생각은 명확한 목표를 놓치지 않는다. 흐름을 타듯 쭉쭉 글을 써내갈 수 있다면 일정한 경지에 오른 사람이다. 집필하는 사람 모두는 이런 경지를 꿈꾼다. 여기에 걸출한 책을 내놓으면 모두의 부러움을 산다. 글과 책으로 자신 분야에 일가(一家)를 꿈꾼다면 한 번쯤 추구해볼 경지다. 물론 쉽지는 않다. 강의도 잘하고 글도 흐름을 타듯 쭉 쭉 쓰고 싶은 욕심은 누구나 있다. 두 재능을 동시 태어난 사람은 많지 않다, 욕심을 줄이고, 유장한 마음이 필요하다. 한 장 한 장 성실히 써 내려갈 뿐이다. 어떤 직업에든 한가한 사람은 없다. 다작하겠다는 욕심이 과해지면 자신을 괴롭게 한다. 강사의 메커니즘을 이해하고 써라. 본업은 강의다. 이 점을 기억해야 강의와 집필 두 가지에 적절한 배분이 가능하다.

강사의 특성을 활용하면 집필할 수 있다

스타강사는 하루에도 몇 개 강의를 소화하느라 바쁘다. 이동 거리를 줄이기 위해 연예인처럼 지역 순회하듯 강의 스케줄을 잡는다. 이런 스타강사의 강의를 듣기 위해 줄을 서서 기다리는 일도 있다. 강의료는 평범한 직장인 한 달 월급 이상을 받는다. 반대로 강의가 없는 강사는 학기 시즌에도 한 달에 두세 건 강의밖에 없다. 불러주는 곳에서 열정페이를 요구해도 받아들여야 하고, 장거리도 가야 한다.

자본주의에서 빈익빈 부익부는 어디에나 있다. 잘나가는 강사는 강의의 기회가 많고 무명강사는 이름 없는 세월을 견뎌야 한다. 출판도 비슷하다. 고정 팬이 있는 스타강사는 원고를 달라며 출판사가 먼저 찾아간다. 그러나 이름 없는 강사는 출간이 어렵기만 하다.

이러한 부익부 빈익빈은 더욱 증가할 수밖에 없다. 경기가 좋으면 무명에도 기회를 주지만 경기가 어려우면 전문가, 유명인만 찾는 경향이 뚜렷하기 때문이다. 알아주고 잘하는 사람에게만 기회는 더욱 몰리는 게 불황의 특징이다. 기업을 상대하는 교육 컨설팅 업체도 비슷하다. 브랜드 있는 교육 콘텐츠와 전문가가 포진된 컨설팅 업체는 영업에서 상당히 유리하다. 무명 컨설팅 업체는 하청을 받아 교육을 진행하는 때도 허다하다. 이곳에서도 부익부, 빈익빈 현상이 있다.

부익부, 빈익빈이 뚜렷한 강의 세계에서 강사가 출간하는 이유는 전문성을 인정받고 브랜딩하기 위해서다. 하지만 출간했다고 단번에 스타강사가 되거나 브랜드가 구축되는 경우는 극히 드물다. 콘텐츠 개발과 출간을 반복하다 보면 대표 작품이 탄생할 때가 있다. 이 대표작이 브랜드를 만들어내고, 스타강사를 탄생시키며, 교육 컨설팅 회사는 대표 상품이 된다. 결국, 꾸준히 출간할 수 있는 능력이 중요하다. 꾸준함 속에 대표작이 탄생하고 무명 시절을 이겨낼 수 있다.

콘텐츠 개발과 꾸준함을 가지고 강사 직업에 대해 고민해 보자. 강사는 지식을 기초로 무대가 원하는 감정을 사용하는 직업이다. 개인적인 사정으로 감정 기복이 와도 무대가 원하는 감정을 사용해야 한다. 감정 소비가 다른 직업보다 많다. 여기에 시간으로 돈을 벌기 때문에 시간 관리를 중요한 직업이면서 배움에도 투자를 아끼면 안 된다. 청중 지적 수준이 올라가 최신 지식을 배우지 않으면 청중에게 줄 지식이 없다.

이런 수요를 충족시키기 위해 코스 과정으로 강사를 위한 교육과정을 볼 수 있다. 초보 강사가 며칠 교육받고 강의를 한다는 건 어불성설이다. 하지만 다년간 강의경력이 있다면 며칠만 교육받고도 강의를 나갈 수 있다. 다년간에 강의경력이 있다면 벤치마킹만으로 단기간에 가능하다. 강사가 다른 강의를 벤치마킹하는 건 단기간에 가능하지만, 단기간에 되지 않는 게 있다. 바로, '글쓰기'다. 글쓰기는 단기간에 되지 않는다. 성실히 배우고 실천해야 잘할 수 있다. 결국, 꾸준함이다.

꾸준함은 직장인처럼 일정 패턴 속에서 살아가는 사람에게 유리하다. 강사는 직업 특성상 어렵다. 많은 강사가 새해 목표로 출간이 있지만, 일정 패턴 속에 살지 못해 쉽게 포기하고 만다. 의지가 약한 게 아니라 일정한 패턴으로 살지 못해서다.

집필 계획을 세울 때 강사로 일정한 패턴이 어렵다는 사실을 고려해야 한다. 전국을 무대로 마케팅 강의와 컨설팅을 하는 O 강사 있다. 책도 1년에 한 권씩 꾸준히 출간한다. 출간과 강의, 컨설팅으로 범접할 수 없는 경지에 올라갔다고 평가받는다. 책 쓰기를 교육하는 필자로서 O 강사에게 4가지 특징을 발견했다. 그는 강사 특징을 살려 집필한다.

첫 번째는 콘텐츠에 낭비 없다. 강의를 나가고, 강의에서 맺은 인연으로 컨설팅한다. 컨설팅 사례를 차곡차곡 모아 집필한다. 책을 보고 강의가 들어오면 다시 강의 나가고, 컨설팅 후 사례를 모아 책을 쓴다. 일 년 동안 패턴은 매우 단순하다. 강의 나갈 때, 컨설팅 나갈 때 모든 자료를 체계적으로 모은다. 그 자료를 바탕으로 집필한다. 집필 시기는 12~2월로 3개월 안에 마친다.

두 번째는 베스트셀러를 노리지 않는다. 그의 본업은 강의와 컨설팅이다. 책은 일 년의 자료를 체계적으로 모은 것뿐이다. 투고해서 좋은 기획출판사를 만나면 행운이며, 그렇지 못하면 자비출판을 한다. 이 중 몇 권은 베스트셀러가 있지만 욕심내지 않는다.

세 번째는 이동 중에 콘텐츠를 보강한다. 이동 시간이 많은 특성상 스마트폰으로 오디오북을 듣거나 저자 강의를 듣는다. 처음에는 힘들었지만, 지금은 틈새 시간 활용으로 주변에 추천하고 있다.

네 번째는 강의나 컨설팅을 나가 독자가 원하는 책이 무엇인지 묻는다. 독자가 원하는 책은 현장에 있는 사람만이 알 수 있다. 현장에 있기에 독자의 고민이 무엇인지 잘 안다. 그래서 책은 철저히 현장 중심 이야기를 담고 있다. 다수가 읽을 수 있는 책은 아니더라도 필요한 사람은 당장 사용할 수 있는 장점이 있다.

이런 특성을 살려 집필을 이어간다. O 강사를 보면 출간 의지는 강하면서도 적절한 수준에서 절제할 줄 안다. 매년 3월 O 강사가 어떤 원고를 완성했는지 옆에서 지켜보는 필자 역시 재미있다.

일정한 패턴으로 살아가기 힘든 강사는 참고할 만한 특징이다. 콘텐츠 낭비를 줄이고 그것을 모아 책을 쓴다. 또한, 많이 팔릴 거라는 욕심을 줄이고 꼭 필요한 사람이 찾는 책을 쓴다. 강의로 일정한 패턴으로 살아가기 힘들지만, O 강사의 삶은 매우 심플하다.

물길을 거꾸로 올라가는 연어를 알 것이다. 모두가 어렵다고 아우성칠 때 자신의 길을 꿋꿋하게 간다. 세월이 쌓이면 전문가 반열에 올라가 있다. 꿋꿋하게 가는 길에 출판이 있다. 강사라는 직업의 특성을 알고 집필을 시작한다면 중간에 포기하는 일을 줄어들지 않을까?

자기 일을 한다는 건 삶을 주체적으로 살겠다는 의지다. 강사는 누군가의 지시가 아니라 스스로 한다. 삶이 주체적이다. 이 주체성을 유지하기 위해선 내 분야만큼은 두각을 나타내야 한다. 강사가 두각을 내는 방법 중 출간은 빠지지 않는 요소라 단언하고 싶다. 강사 특성을 이해하고 집필하자. 출간이 늘어난다면 분명 두각을 낼 수 있다.

책은 변화의 작은 씨앗일 뿐

세상에 많은 일이 인풋(in-put)과 아웃풋(out-put)으로 이루어졌다. 원자재를 인풋하고 가공해서 아웃풋한다. 지식도 그렇다. 스승, 책, 경험을 통해 얻은 지식을 머리에 인풋하면 다른 지식으로 아웃풋한다. 인풋이 많으면 아웃풋도 많을 가능성은 있지만, 꼭 많다고는 할 수 없다. 인풋이 아무리 많아도 효율적으로 관리하지 못하면 아웃풋이 적게 나올 수 있다.

지식을 전달하는 방법은 두 가지다. 바로 말과 글 안에서 돈을 번다. 다양한 지식을 인풋해도 아웃풋을 제대로 못 하면 내 머릿속에 존재하는 지식일 뿐이다. 남들은 내 머릿속 지식을 모른다. 그래서 표현하는 게 무엇보다 중요하다. 지식이 상향 평준화된 시대에 같은 지식이라도 어떻게 표현하느냐에 따라 값어치는 천차만별이다. 최근 역사를 시청자 눈높이로 해석해서 인기를 끄는 강사를 볼 수 있다. 역사는 이미 벌어진 일로 경험할 수 없다. 경험할 수 없지만 공부해서 청중 눈높이에 잘 표현하는 일을 한다. 결국, 말과 글의 표현력이다.

강사는 말을 '잘 하느냐', '못 하느냐' 문제보다 청중에게 어떻게 전달되느냐가 중요하다. 그 매개체는 '말'이다. 성공한 강사는 말에 관한 탁월한 실력을 갖추고 있다. 만약 글까지 잘 쓴다면 지식을 표현하는 말과 글을 두 가지를 겸비한 사람이다. 말과 글 두 가지를 겸비할 수 있다면 지식을 아웃풋할 때 누구보다 유리한 사람이다. 강사로서 탁월한 실력을 발휘할 수 있다.

퍼스널 브랜딩 개념으로 출간이 유행하면서 책 쓰기 코치와 강사가 많이 늘었다. 나 역시 이 범주에서 일하고 있다. 강사를 만나면 출간에 대한 환상이 있음을 느낀다. 출간하면 인세가 많이 들어오고, 강의도 들어온다는 생각이다. 결론부터 말하겠다. 강사가 출간하면 당장에 달라지는 건 '저서란'에 한 줄 쓸 수 있다는 점이다.

책 쓰기 강의가 끝나면 상담 요청을 받을 때가 많다. "학교에 강의 제안하러 갈 때 비타민 음료 들고 가는데 무언가 초라해 보이더라고요", "박사학위 논문이 3편인데 '저서란'은 빈칸일 수밖에 없습니다." "강사 소개할 때 장관 수상 경력 상장 이미지를 넣을 수도 없고, 공신력 있는 무언가 필요한데 참으로 답답합니다." 등 대부분 저서가 없어 받아야 하는 불편함을 호소한다.

이러한 이유로 코칭을 받거나 책 쓰기 강의를 듣게 된다. 저서의 장점은 강의와 연결된다는 점이다. 필자 역시 출간한 책을 보고 여러 곳에서 강의를 불러줬다. 저서가 강의를 불러주는 건 사실이다. 하지만 반대인 경우도 있다.

공저로 몇 권 출간한 모 강사는 출간 후 마땅히 달라진 것이 없다고 말한다. 공저가 아니더라도 단독 저서도 비슷하게 느끼는 강사도 많다. 필자도 출간했다고 강의와 연결된다고 말하지 않는다. 잘나가는 강사 중 저서가 없는 강사도 다수가 존재하고 저서가 있다고 강의가 구름처럼 몰려오지 않는다는 걸 매번 느낀다.

책이 강의 불러주는 일은 한두 번은 가능할 수 있어도 지속해서 들어오는 건 어불성설이다. 몇백만 원이면 책을 낼 수 있는 시대에서 책 한두 권 냈다고 백만 원 이상 강의를 불러주겠는가? 강의를 불러주는 담당자나 컨설팅 업체는 바보가 아니다. 강사가 가진 콘텐츠와 실력, 성실성을 꾸준히 모니터하고 강의를 부른다. 저서는 정말 참고 사항일 뿐이다.

책 쓰기 열풍에서 출간했다고 운명을 바꾼다는 건 거짓말이다. 한 권 출간 후 혜성처럼 등장하는 저자도 더러 있지만, 수명은 1년 미만이다. 책은 운명을 바꾸는 마법 도구가 아니다. 자신을 변화시키는 아주 작은 씨앗일 뿐이다. 그 씨앗에 꽃을 피우기 위해 다양한 요소가 있어야 한다. 저자의 역량은 물론 제목, 시대적 분위기, 마케팅 등이 따라줘야 한다. 한 권으로 이 모든 게 동시에 맞아떨어지는 건 행운 중의 행운이다.

책은 성공 수단이 아니다. 자신의 지식, 경험, 노하우를 나누는 또 다른 방법인 셈이다. 강의는 말로 나눔을 지향한다. 책은 글로 나눔을 지향한다. 출간 후 베스트셀러에 오르고 강의가 늘어나면 좋다. 하지만 그것만 바라고 책을 쓴다면 책의 본질이 흐리는 일이다. 책 쓰기가 성공으로 가는 수단만 되어선 안 된다. 책 쓰기를 통해 콘텐츠를 체계화시키고 조금 더 많은 사람과 소통하며 자신의 노하우를 나누는 매개체가 되어야 한다. 책은 작은 매개체이자 씨앗이다.

세상을 다른 시선으로 바라볼 것을 조언하는 《삐딱한 게 어때서》의 장수연 저자가 있다. 사내강사를 시작하며 "강사는 말하는 직업이 아니라 실천하는 직업이다."란 모토로 강의를 시작했다. 바쁜 직장 생활 속에서 주경야독으로 공부와 집필을 멈추지 않고 모토를 실천하고 있다.

장수연 저자는 특별했지만 평범했던 20대 시절과 직장 생활하며 여러 가지

일들이 해결했던 경험을 결과로 내놓고 싶었다. 그래서 선택한 일이 출간이다. 첫 번째 저서 《삐딱한 게 어때서》를 출간했다. 1년이 넘은 시점에서 직장 '선·후배와 함께 썼다'는 콘셉트로 직장인 행복과 자기계발을 다룬 《월급보다 중요한 것들》을 출간한다. 과정은 쉽지 않았지만, 책이라는 결과물을 내놓았다. 두 권 출간 후 1년에 한 권씩 집필하겠다는 다짐을 실천 중이다.

두 책이 장수연 저자를 세계적인 인물이나 역대 연봉을 만들 만큼 영향력은 미치지 않았다. 하지만 평생 할 수 있는 집필 방법을 배웠고, 누구를 만나도 명함과 저서를 주면서 신뢰를 얻고 있다. 여기에 평범한 아빠로 두 딸에게 아빠가 쓴 책을 주며 가장으로서 멋진 아빠의 모습을 보여 주었다. 장수연 저자를 보면 책이 운명을 바꿀 것 같은 대단한 역할은 하지 않았다. 하지만 1도 차이를 만들어 냈다. 그 차이는 작지만, 시간이 쌓이면 큰 변화를 만들어 낸다. 책 쓰기를 통해 변화에 작은 씨앗은 가진 건 분명하다.

출간했다고 강의가 구름처럼 몰려오거나 여기저기서 모셔가는 급격한 변화는 오지 않는다. 설사 급격한 변화가 있다 해도 손안에 모래처럼 1년 미만으로 끝난다. 오히려 급격한 변화는 저항과 부작용을 낳아 상처를 입는다. 한 권 출간은 씨앗 하나의 탄생이다.

씨앗을 좋은 곳에 심고 물과 비료를 주며 자연과 조화를 이룰 때 성장할 수 있다. 씨앗이 하루아침에 크는 경우가 없다. 출간은 작고 여린 씨앗을 잘 키우는 작은 변화라 생각하자.

다음 책 범주에 벗어나지 않게 기획해라

신입사원 면접에 최악의 대답 중 하나는 "무엇이든 시켜만 주십시오."다. 회사는 부서별로 포진된 전문가가 유기적으로 움직이는 곳이다. 무엇이든 잘하는 사람을 뽑을 이유가 없다. 면접에서 자신이 무엇을 배웠고 잘하는지를 정확히 어필할 필요가 있다. 융합과 통섭의 시대에는 다양한 지식을 가진 인재가 필요하지만, 자기 분야를 섭렵한 후 융합과 통섭이 있는 법이다. "무엇이든 잘해요"는 자신은 전문성 없는 사람으로 홍보하는 모습이다. 무슨 일을 시작하든 내 전문분야를 정확히 아는 일이 우선이다.

전문 분야를 알기 위한 첫 질문은 어디나 똑같다. "내가 잘하고 좋아하는 게 무엇인가?"다. 이 질문으로 모든 일이 시작된다. 그래서 취업캠프, 창업교육 등 직업 관련 첫 강의는 자신을 파악하는 일이다.

강의에서 "불러만 주면 다한다."고 말하는 강사만큼 전문성이 부족한 강사도 없다. 초보 시절에는 경험을 쌓기 위해 다양한 강의를 경험한다. 하지만 몇 년이 지나도 불러만 주면 다하겠다고 말하면 스스로 전문성이 없는 강사임을 홍보한다. 일정 수준 경력을 쌓았다면 전문성을 명확히 할 필요가 있다.

다음 세 사람의 공통점을 찾아보자. 김병욱 배우, 배명진 숭실대학교 교수, 박병일 자동차 명장이다. 직업, 나이, 생김새 모두 다르다. 평소 TV를 많이 보는 사람이라면 공통점을 쉽게 찾을 수 있다. 바로 사람들이 알아서 찾아주는 전문가다. 영화에서 악역 전문 배우를 찾는다면 김병옥 배우를 찾는다. 범죄자 음성이나 각종 소리를 분석할 때는 배명진 교수를 찾고, 자동차 정비에 대해 알아볼 때 박병일 명장을 찾는다. 이 세 명은 자기 분야가 있고, 자기 분야에서는 이름이 알려진 사람이다. 세 사람 모두 실력과 브랜딩이 된 사람으로 볼 수 있다. 실력과 브랜딩 두 가지가 있기에 전문가로 통하고 사람이 알아서 찾아온다.

만약 실력이 없는 사람이 브랜딩 한다면 공허한 이름 알리기며, 실력이 있어도 브랜딩에 관심 없다면 빛을 보는데 상당한 시간이 걸린다. 이제는 자신만의 전문성과 브랜딩을 함께 해야 하는 시대다.

전 국민 강사 시대가 열리면서 강사의 수는 폭발적으로 늘어났다. 강사는 마이크를 잡는 직업이다. 강의 분야만큼은 청중보다 많이 알아야 마이크를 잡을 수 있다. 마이크를 잡았다면 실력은 인정받은 셈이다. 이젠 브랜딩에 집중할 때다. 브랜딩을 위해 출간에 도전하고 성과를 낸다. 하지만 한 권으로는 브랜딩에 한계가 있어 여러 권을 출간한다. 여러 권 출간할 때 콘셉트를 고민하지 않고 이 분야, 저 분야 출간하면 브랜딩 효과는 떨어진다.

책을 내는 건 자신과의 약속을 지키고 독자에게 도움을 주고 싶은 마음이다. 하지만 전문성 없이 이 분야, 저 분야 출간한다면 독자는 저자의 정체성에 의

심을 보내게 된다.

한 권 출간은 브랜딩에 작은 출발이다. "○○○ 강의하면 ○○○ 강사다"를 떠오르기 위해선 내 강의 범주 안에서 출간을 계속 이어가야 한다. 필자 책 중 《10대 행복할 수 있다》는 유명 입시 학원에서 추천 도서를 받았고, 모 여고에서는 토론 책으로 선정되었다. 하지만 브랜딩 관점에서는 주변 저자들이 의아해했다.

주변 저자들은 나에게 청소년 전문 강사가 되고 싶은지 물었다. 필자의 핵심 강의 콘텐츠는 지식 서비스 창업과 책 쓰기다. 하지만 갑자기 10대를 다룬 이유를 알 수 없다는 설명이다. 즉, 강의 범주에 벗어난 책이란 설명이다. 사실 책 쓰기 코치를 하면서 집필하고 싶은 콘셉트가 너무 많다. 길을 걷다가도, 운전하다가도 책 쓰고 싶은 주제가 떠오른다. 욕심이다. 문제는 나의 강의 콘셉트와 맞지 않다는 점이다.

《1인 기업이 갑이다》, 《1인 기업이 갑이다_실전편》 두 권을 1년 간격으로 출간했다. 이 범주를 벗어나지 않기 위해 지금은 지식 서비스 창업을 기획 중이다. 브랜딩을 한다는 건 차별화도 필요하지만 꾸준함이 더 중요하다. 1인 기업, 책 쓰기를 '다른 버전'으로 집필해야 브랜딩을 할 수 있다. 만약 다루지 않은 분야를 출간한다면 콘셉트를 충분히 장악하고 범주 안에서 확장을 시도해야 정체성이 있다.

집필은 중독성이 강하다. 그래서 마구잡이로 뽑아낼 수 있지만, 한 우물을 파듯 출간은 강의 범주 안에서 해야 한다. 강사에게 강의 주제에 벗어나지 않게 3권을 출간하라 조언한다. 한 콘셉트로 3권은 사실 힘들다. 1권도 겨우 출간했는데 어떻게 3권씩 출간할 수 있는지 말이다.

어렵다면 생각을 바꿔보자. 1권에 모든 걸 담아낸다고 해도, 하고 싶은 메시지는 생긴다. 예를 들어 '실전편', '활용 편'을 생각하면 된다. 다른 방법은 독자를 확장하는 일이다. '직장인 편', '청소년 편'처럼 말이다. 단 강의 범위를 벗어나면 안 된다.

유명 저자의 강의를 떠올려 보자. 이것저것 출간하지 않는다. 자기 분야를 정해 집필한다. 범주에 벗어나지 않은 저서가 쌓일수록 전문성을 인정받는다. 한 분야를 여러 권 출간한 강사의 말 한마디는 청중의 동의를 쉽게 끌어온다.

강사는 청중과 호흡하는 직업이다. 청중과 호흡하며 첫 책에 담지 못하는 걸 다음 책에 담아낼 수 있다. 강사에게 청중은 독자고, 독자는 청중이다. 그래서 독자와의 호흡이 유리하다. 범주에 벗어나지 않는 방법으로 이 장점을 활용하면 된다. 다음 책을 기획할 때 멀리서 조언을 구하지 말고 청중에게 물어보자. 청중이 필요로 하는 책이 독자가 필요로 하는 책이다. 다음 책을 기획할 때 범주에 벗어나지 않게 하는 세 가지 방법이 있다.

첫 번째는 강의 콘텐츠에 대(大)키워드가 무엇인지 생각한다. 강의 키워드가 영업이라면 영업에 대한 많은 키워드가 나온다. 영업슬럼프 벗어난 법, 고객의 마음을 읽는 법, 영업자로서 마인드, 직급별 영업방법 등이다. 키워드 안을 벗어나지 않으면 된다.

두 번째는 다음 독자층을 누구로 할 것인가 고민한다. 영업자들을 위한 전반적인 이야기를 했다면 다음 책에는 《첫 출근하는 영업사원에게》 같이 영업 신입사원을 독자로 할 수 있다. 독자층을 바꾸는 방법으로 다음 책을 기획하면 된다.

세 번째는 청중이 원하는 키워드를 파악해서 추가한다. 청중이 원하는 키워드가 있다. 다음 책에는 키워드를 넣어 확장하는 방법이다. 예를 들어 독서법을 출간했다면 '인문책 독서법', '고전 독서법' 같은 경우다.

강의를 오랫동안 해도 자기 강의가 없다면 서글픈 일이다. 시대 흐름에 이리 저리 강의를 바꾸다 보니 세월만 흘러간다. 어쩔 수 없었다지만 불러주면 다한 다는 강사로 끝날 수 있어 무상함만 느낀다. 출간도 그렇다. 다작해도 정체성 이 없으면 출간은 숫자에 불과하다. 강의 범주에 벗어나지 않게 책을 써라. 세 월과 상관없이 무대에 오르는 사람은 전문 분야가 있는 사람이다,

어중이떠중이는 갈수록 대접받기 힘들다. 정보가 널린 세상에 누가 전문가 인지 청중은 쉽게 알 수 있다. 이것저것 다하겠다는 욕심은 스스로 어중이떠중 이라 홍보하는 꼴이다. 전문 강사로 대접받고 싶다면 한 분야에 3권을 출간하 겠다고 각오하자. 집필하면 할수록 담아내지 못한 것들에 아쉬움이 나온다. 아 쉬움을 다음 책에 담으면 된다.

강사, 가장 필요하지만,
가장 펴내기 어려운 직업

직장인 시절 독서 매력에 빠졌을 때 남는 게 없는 책은 무시했던 거만함이 있었다. 소위 말해서 "이 정도는 나도 쓰겠다."라는 생각이다. 지금은 어려운 작업을 해냈으니 어떤 책이든 대단하다 느낀다. 직접 해보니 그 마음을 알 수 있다.

집필 관련해 많은 책에는 집필을 즐기라 조언한다. 필자 역시 같은 생각이다. 즐기지 않으면 해내지 못한다. 여기에 하나를 더 추가하자. 바로, '강사 업(業)'을 대하는 태도다. 강사에게 청중이 독자고, 독자가 청중이 된다. 강사로서 청중을 대하는 나름에 사명이 있다. 사명을 가지고 집필하면 강한 동기 부여를 받을 수 있다. 사명을 이야기하는 이유는 책 쓰기는 여러 희생이 있다. 그래서 원고를 끝냈다는 것 자체만으로도 가치 있는 일이다.

독서를 하다 전율을 느낄 정도로 강한 힘을 받는 책이 있다. 독자로서 반가운 일이지만 이 원고를 쓰기 위해 저자는 얼마나 많은 에너지를 쏟았을까 상상해본다. 주변에 많은 걸 끊어버리고 혼자 외롭고 치열하게 집필하는 모습이 그려진다. 출간이라는 희망을 품고 고된 작업을 하는 모습이 상상이 간다.

코칭을 하며 나이, 직업, 장르 상관없이 10명 중 9명의 예비저자는 원고를 마무리할 때 쯤 앓아눕는다. 긴장감이 최절정에 올라 체력이 받쳐주지 않아서다. 그만큼 원고에 상당한 에너지를 쏟는다는 뜻이다. 원고를 세상에 내놓아야 한다는 부담감, 출판사 계약 여부, 계약 후에 해야 할 많은 일을 생각하면 아찔하다. 필자도 몇 권에 책을 출간하고, 많은 예비 저자 코칭을 경험했지만, 매번 어렵다는 걸 느낀다. 집필이 즐겁다고 하는 저자를 보면 한없이 부럽다. 그리고 타고남과 성실성이 만들어낸 결실이라 더욱 부럽다. 필자는 그저 즐기는 마음을 갖자고 작심삼일 다짐을 반복한다.

한 권 출간했다면 출간에 어려움을 알 수 있다. 하지만 계속 출간하고 싶은 게 출간의 매력이다. '애증(愛憎)'이라는 표현밖에 없다. 애증 같은 출간을 하면 여러 가지 장점이 있다. 그중 자신과의 약속을 지켰다는 뿌듯함이 가장 크다. 누구도 아닌 나와의 약속을 지키는 진실함은 어떤 보람보다 크다. 애증 같은 보람 때문에 많은 에너지를 쏟아 넣고, 앓아눕고, 출간으로 기쁘고, 새로운 책을 기획하길 반복한다. 이 반복은 출간 사람만이 느낄 수 있다. 딱 한 권 출간은 이 기쁨과 과정을 느낄 수 있다.

애증 같은 집필은 많은 에너지가 필요하다. 강사는 무대에서 청중이 원하는 에너지를 쏟는다. 에너지를 쏟지 않는 강의는 청중의 변화를 이끌어 내지 못한다. 집필에 사용할 에너지를 강의에 쏟을 수밖에 없다. 직업이 우선이니 당연한 일이다. 코칭를 하면서 직장인, 주부, 교수, CEO, 대학생 등 다양한 직업을 코칭했다. 이 중 강사가 집필에는 가장 어려운 직업이라 생각한다. 아이러니하게도 책이 가장 필요한 직업은 강사다. 앞에도 밝혔듯 강사는 일정한 패턴으로 살아가지 못하고 짧은 시간 안에 많은 에너지를 쏟으니 집필은 쉽지 않다. 강사에게 출간은 필요하지만, 실천하기 가장 어려워 애증 같은 존재다.

좋아하는 사자성어 중 '세불아연(歲不我延)'이 있다. 풀어보면 '세월은 나를 위해 더디게 가지 않는다.'란 뜻이다. 빈손으로 태어나서 내가 가져올 수 있는 유일한 자원은 시간뿐이다. 나머지는 부모, 집안, 지역 등 주위 환경이 주는 것뿐이다. 가지고 올 수 있는 유일한 자원인 시간을 어떻게 활용하느냐에 따라 주위 환경을 극복하고 삶을 주도적으로 살아가는 사람이 많다.

매년 1월. 강사 모임에는 새해 목표 발표 시간을 가진다. 그중 출간을 목표로 하는 강사가 많다. 하지만 실천하는 강사는 많지 않다. 의지가 약한 게 아니라 시간에 치이다 보니 목표를 잊게 된다. 그렇게 또 1년이 흘러간다. 세월은 나를 위해 더디게 가지 않는데, 올해도 출간하지 못했다. 내년이 있지만, 내년에는 한가로운 시간이 있을지는 아무도 모른다.

출간한 강사 중 한가해서 원고 쓰는 사람은 없다. 바쁘고, 힘들고, 지친 상태에서 펴낸다. 서재에 있는 모든 책은 한가해서 쓴 사람은 없다. 또한, 책을 낼 만큼 노력을 했던 사람이라면 한가한 사람은 없다고 단언하고 싶다.

강사는 전업 작가가 아니다. 직업이 아닌데 누가 채근하겠는가. 그동안 출간하지 않아도 삶에 지장이 없었고 채근받는 일도 없었다. 이 책을 읽고 있다면 저서의 필요성을 느끼는 사람이지만, 저서가 없다고 생계에 위협을 받지 않았다. 그렇기에 시작이 어렵다. 강사로서 책을 쓰겠다면 스스로 준엄한 심판자라 생각하고 원고를 쓰자. 출간은 쓰는 사람이 전부를 얻는다.

스스로 준엄한 심판자를 생각하고 출간 빛을 본 K 강사를 소개하겠다. K 강사를 만난 건 2년 전이다. 심리학을 전공하고 개인 성향상 상담보다 강의가 좋아 강사로 활동 중이다. 전국을 무대로 대학교 취업과 군부대 강의를 하고 있다. K 강사를 책 쓰기 강의에서 만났다. K 강사는 나에게 주간 단위 책 쓰기 교육을 하지 않는 이유를 물었다. "원고 쓰기는 홀로 차분히 하는 작업이지, 꿈에 부풀려서 몇 주 강의 듣는다고 출간으로 이어지는 건 아니다."고 설명했다. 당시 책 쓰기를 주간 단위로 강의하는 몇몇 강사의 안 좋은 소식이 뉴스에 나오는 등 여러 가지로 시끄러운 상황이었다.

책은 꿈에 사로잡혀 흥분된 상태에서 쓰는 게 아니라 홀로 차분히 쓰는 일이다. 강사는 강의를 위해 이리저리 뛰어다니는데, 책 쓰기마저 교육받겠다고 이리저리 뛰어다니면 언제 책을 쓸 수 있을까 말이다.

K 강사에게 주간 단위 강의를 듣는 것보다 혼자만의 시간과 장소에서 원고를 쓰는 게 책 쓰기 본질에 가깝다고 설명했다. 제목과 목차를 만들게 도와주었다. 더도 말고 덜도 말고 1년 동안 일주일에 한 꼭지(52주 X 2장=104장)만 쓰고, 원고를 메일로 보내게 했다. 금액은 받지 않았다. 이 프로그램은 지금도 하고 있으며 여러 저자가 배출했다. 나는 단순 점검자로 간단한 답장만 주면 끝난다. 일주일 한 꼭지씩 쓰겠다는 약속은 스스로 지켜야 할 일이다.

K 강사는 일주일에 한 꼭지씩 매주 보냈다. 처음에는 이런저런 조언을 해주었지만 4주가 넘어가자 원고에서 바꿀 건 없었다. 성실하게만 써나가길 바랄 뿐이다. 그는 토요일 4시부터 가족에 동의를 얻어 도서관에서 한 꼭지만 채웠다. 책 쓰기는 장기전이라는 마음으로 욕심을 부리지 않았다. 그렇게 43주가 흘렀고, 원고가 완성되었다. 마지막 꼭지를 보낸 그도 앓아누웠다. 몸이 어느 정도 회복되면서 퇴고 작업을 했고 샘플로 보내준 투고 인사 말을 바꿔 출판사와 접촉했다. 그러길 2일 후 출판사에서 함께 하고 싶다고 연락이 왔다. 겨울에 시작한 일이 늦가을에 끝났다. 인내의 승리다. 한 달 정도 휴식 기간을 보내고

첫 책과 비슷한 콘셉트로 일주일에 한 꼭지 쓰기를 하고 있다. 일요일 오전에 필자 메일에는 K 강사의 원고가 있다.

원고 쓰기를 계획할 때 한 꼭지 집필을 3시간 전후로 잡는다. 일주일은 168시간이다. 이 중 3시간을 자신을 위해 투자하지 못한다면 삶에 어떤 변화를 줄 수 있을까? K 강사가 토요일 저녁에만 집필한 건 아니다. 틈날 때마다 집필했고, 보냈다. 아이가 잘 때 집필했고, 새벽에 일어나 집필했으며, 모임에서 꽃구경 가자고 연락이 와도 집필에 집중했다. 168시간 중 3시간을 자신을 위해 투자했다. 지금은 출간된 책으로 강의 범위가 늘어났다. 앞에도 이야기했듯 단기간에 집필하면 좋다. 하지만 여건이 되지 않는다면 K 강사 사례를 고민할 필요가 있다.

무리하게 달려들면 탈이 난다. 책 쓰기도 그렇다. 몇 주 강의 들었다고 책이 나오는 건 아니다. 여러 사람이 모인 곳에 벗어나 혼자만의 차분한 시간이 필요하다. 책 쓰기에 승부는 차분한 시간을 만들어내는 능력에 달렸다. 차분한 시간만이 에너지를 보존하고 배분할 수 있다. 차분한 시간은 진지함을 낳는다. 일주일에 진지한 시간이 얼마나 있는지 점검할 필요가 있다. 출간을 꿈꾼다면 사람이 모여 있는 곳을 나올 용기와 진지한 시간이 필요하다.

많은 직업을 코칭하며 출간이 가장 필요하지만, 가장 펴내기 어려운 직업이 강사라 생각한다. 상황이 좋아서 책 쓰는 강사는 없다. 자신을 준엄한 심판자라 여기고 일주일에 한 꼭지만 써 내려간다. 그것이 힘들면 몰입해서 최단기간에 끝낸다. 그것뿐이다. 저서를 출간해서 강의 PPT에 당당히 내 책 이미지를 넣고, 강의가 끝나면 내 책을 읽고 온 청중이 사인을 받는 모습을 상상해보자. 강사로서 말과 글로 인정받는 모습이다.

출간은 이분법적이다. "출간했는가?", "못 했는가?" 두 가지뿐이다. 이분법적

판단이 냉정할 수 있겠지만, 누군가는 끝낸다. 스스로 준엄한 심판자라 생각하고 출간의 목표를 이루자. 그리고 청중 앞에 당당히 나의 책을 내놓자.

제3부

강의로 목차 만들기
실전 사례 7가지와
컨설팅 사례

강의는 방향과 목적이 있다. 목차도 마찬가지다. 원고를 쓰기 전 목차로 방향과 목적 명확히 해야 원고를 쓸 수 있다. 다음은 필자가 코칭했던 목차 만들기 사례다. 콘셉트별로 목차는 다르지만, 기본 질문과 방법 그리고 본질은 비슷하다.

다음 사례를 살피면서 강의 PPT를 띄우고 종이에다 5가지 목록을 만들고 답변해 보자.

① 강의 콘셉트
② 저자 스타일
③ 주 독차층
④ 솔루션
⑤ 집필 방법

흥미와 필요성을 끌어올릴 목차
강의로 목차 만들기 사례 (1)

강의 콘셉트 아동심리미술치료

저자 스타일 따뜻한 글로 독자를 설득, 사례제시로 신뢰가 높음

주 독자층   아동미술심리치료 관심 있는 예비 교육자

솔루션   상담했던 아동미술심리치료 사례와 해결책

집필 방법   성과기반형

강의구성
아동미술심리치료 상담과정에서 아이의 7가지 성격 유형을 풀어내는 강의

코칭
· 7가지 성격 유형을 풀어 넣기 이전에 독자 흥미와 필요성을 끌어올 내용이
필요함
  · 사례만 넣는다면 사례집에 불과할 수 있어서 이론도 제시
  · 마지막에는 상담자가 필요한 실제 상담 기법 넣기

그림으로 보는 아이의 진짜 속마음
보여주고, 들려주고, 알려주는 아동미술심리치료

4장~6장→키워드로 사례 제시

7장 욕설_그 안에 담긴 아이에 속마음

01

02

03 거친 말은 아이의 진짜 속마음이 아니다

04

3부 아동 미술 심리상담자가 알아야 하는 상담기술 →상담기법 노하우를 제시

01 아이 눈으로 세상을 봐야 한다 ~

07 부모가 있다면 이렇게 대처해라

일상에서 접근할 수 있는 체온 관리 제시

강의로 목차 만들기 사례 (2)

강의 콘셉트   건강 관리 강사로 체온 관리의 중요성 강조

저자 스타일   청중에게 주문이 확실하며, 명쾌한 강의

주 독자층   50대 이상 체온관리에 관심 있는 사람

솔루션   체온에 관한 종합적인 가이드 북

집필 방법   연구 기반 50%, 성과 기반 50%

강의 구성

현대인이 쉽게 할 수 있는 체온 관리와 일상에서 할 수 있는 체온 관리법

코칭

· 대중성을 고려해야 한다. 체온만 이야기하면 독자층이 좁아짐

· 체온 중심으로 이야기하며 현대인 건강에 대해 종합적 진단이 필요함

· 일상에서 접근할 수 있는 체온관리법도 함께 제시

살리는 체온

치료, 치유, 쉼 모든 것의 체온관리 가이드북

리더십의 트렌드를 만드는 마음으로

강의로 목차 만들기 사례 (3)

강의 콘셉트   공유 리더십의 필요성

저자 스타일   사례 중심의 스토리텔링 형식

주 독자층   직장인 실무자급, 임원급

솔루션   사례 중심으로 풀어보는 공유 리더십의 상생(相生)법

집필 방법   연구기반 80%, 성과기반 20%

강의구성

성과주의에 빠진 조직은 발전이 없다. 이젠 공유와 상생이 필요하다

코칭

· 리더십은 출판에 스테디셀러 콘텐츠지만, 특별한 솔루션이 없다면 사례집
이 될 수 있다.

· 실무자나 임원급이 조직에서 활용할 수 있는 방법을 구체적으로 제시

· 브레인스토밍으로 공유와 상생 키워드 뽑아낼 것

100장을 써내기 위해 경영 사례 제시

강의로 목차 만들기 사례 (4)

강의 콘셉트 매장 서비스 마인드 강의

저자 스타일 독자에게 주문이 명확하다

주 독자층 백화점, 대형매장에 일하는 직원

솔루션 고객을 위한 서비스법

집필방법 연구 기반 50%, 성과기 반50%

강의 구성

8시간 이상 강의를 구성으로 이론과 실습 위주로 강의를 함

코칭

· 백화점, 대형매장에 일하는 직원으로는 독자층이 작음

· '친절'이란 키워드로 100장 펼쳐내기는 싶지 않다. 경영자 관점을 추가로 제시해야 함

지갑을 여는 매장의 비밀
현직 대기업 CS 강사가 알려주는 잘나가는 매장 만들기

독자의 호흡을 이해해라

강의로 목차 만들기 사례 (5)

강의 콘셉트　청년을 위한 무역 창업법

저자 스타일　무역 실무경험으로 독자 주문이 명확하다

주 독자층　　무역으로 창업을 하고 싶은 20대

솔루션　　　실무에서 겪은 무역에 다양한 팁

집필 방법　　연구 기반 20%, 성과 기반 80%

강의 구성

1일 또는 2박 3일로 대학생 무역창업 실무를 강의 함

코칭

· 창업, 무역을 동시에 다루기에 독자 호흡이 길어진다. '입문편', '실전편'으로 나누어 집필

· 자세한 사례보다 독자층인 청년을 고려해서 입문 방법 위주로 집필

취업보다 100배 넓은 시장에서 창업해라(입문편)
○○○무역 대표가 들려주는 무역 창업에 정석

제1장 좁고 좁은 대한민국에서 경쟁하는 우리 → 문제 제기
      01 어쩌다 '헬조선'까지 왔을까
      09 창업 여행은 방랑이 아니라 사회기회포착
      10 무역창업으로 지도 밖에 행군해야 할 때

제2장 창업 전 스스로 고용하는 훈련법 → 저자 솔루션
      01 직장이 최고의 창업훈련장~
      09 떠밀리기 전에 떠나는 사람이 된다
      10 사업자의 의미를 뼛속으로 새길 때

제3장 지금 시작하는 무역창업의 10가지 정석 → 저자 솔루션
      01 비즈니스 모델을 명확히 해라
      02 품목 전문가, 상품에 대한 안목을 키워라~
      10 글로벌 무역은 영어보다 진정성이 우선

제4장 여기는 좁다, 대한민국 대표로 세계를 상대해라 → 저자 주문이 주는 행복
      01 창업프로그램 200% 활용 방법
      02 해외에 나가면 3가지만 찾아와라~
      10 글로벌 시야는 행동하는 사람의 것

베스트셀러 출판 키워드를 연구해라

강의로 목차 만들기 사례 (6)

강의 콘셉트   힐링, 행복, 자아 찾기

저자 스타일   따뜻함으로 독자에게 편안함을 준다

주 독자층   30~40대 여성

솔루션   사색과 독서로 자아를 찾아라

집필 방법   연구기반 90%, 성과기반 10%

강의 구성

저자 경험과 자아 찾기 방법을 종합적으로 제시

코칭

· 콘텐츠 빈약으로 정신지도자의 이야기 등 연구기반 위주로 집필

· 베스트셀러 등 최근 출판 키워드로 연구가 필요

· 에세이와 자기계발의 중간단계

티 나지 않아도 괜찮습니다
조용히 살고 싶은 장삼이사들의 안내서

스토리텔링으로 신뢰를 높인다

강의로 목차 만들기 사례 (7)

강의 콘셉트   이공계 취업

저자 스타일   청중에게 정확한 주문을 제시

주 독자층   20대 대학생

솔루션   이공계 취업에 관한 모든 것

집필 방법   연구기반 50%, 성과기반 50%

강의 구성

4시간 ~ 8시간 구성으로 취업 동향, 면접 스킬, 자기소개서 등 취업 강의

코칭

· 스토리텔링형식으로 실제 취업 성공 사례 필요

· 이공계 취업에 핵심 키워드를 찾아 목차를 구성해야 함

연봉 1,000만 원, 더 받는 이공계 취업법

맞춤 전략과 소신으로 취업해라

에필로그

바둑에는 "장고(長考) 끝에 악수(惡手)"란 말이 있다. 집필 기간을 '최단시간 끝내야 한다.' 주장하는 저자로서 집필 기간은 길지 않았다. 하지만 집필 시작 2년 전부터 강사들을 위한 책 쓰기 방법 책은 풀어내고 싶었다. 더 늦어지면 생각이 꼬여 악수를 두거나, 시작조차 못 한다는 마음으로 시작했다.

집필할 때마다 느끼는 게 있다. 집필은 참으로 정직하다. 요령도 없고, 늘품도 없다. 벽돌 쌓듯 한 꼭지, 한 꼭지 채워갈 뿐이다. 그렇게 완성된 초고를 다듬고 투고를 했다. 계약서에 사인하고 출판사가 요구하는 다양한 일을 성실히 수행했고 책이 출간되었다. 책 출간까지 중간에 뛰어넘는 방법이 없다. 이 책을 포함한 서재에 있는 모든 책은 이렇게 탄생했다. 정직함에 산물인 셈이다.

많은 강사가 이 책을 보고 정직한 집필에 도전했으면 좋겠다. 그 방법이 '칼럼기고형 책 쓰기'든, '최단시간에 끝내는 책 쓰기'든 말이다. 우선 시작하는 게 중요하다. 모든 일이 그러하듯 시작하는 사람이 다 갖는 법이다. 강사로서 또는 강사를 꿈꾸는 사람이나, 책을 쓰고 싶은 사람 등 도움이 필요하면 언제든 메일 주소에 있는 메일로 연락을 달라. 가능한 범위에서 답변을 주겠다. 강사가 청중 피드백이 궁금하듯, 저자 역시 독자 피드백이 궁금하고 도움을 주고 싶다.

책을 한 권 냈다고 당장 달라지는 건 이력서 '저서란'에 한 줄 더 쓰는 일이다. 하지만 출간이 언어의 범주에서 경제 활동을 하는 강사에게 큰 기회를 줄 작은 씨앗이 된다. 이 작은 씨앗을 잘 키워 큰 기회를 만들 수 있다고 믿는다. 모든 강사가 작은 씨앗을 만들기 희망한다. 강사는 청중이 독자고, 독자가 청중이다.

이 책이 세상에 나오기까지 많은 분의 도움을 받았다. 먼저 원고를 보고 흔쾌히 출간을 허락해주신 마음세상 출판사 임직원께 감사함을 전한다. 직장인 시절 평범한 청강생에서 기업 강의 파트너까지 이끌어주신 에듀콤교육연구소 신용준 대표님, 책 쓰기 현장에서 편집장 관점과 동기 부여를 주는 서정현 작가님, 강사 입문에 큰 도움을 주신 뉴리더스피치아카데미 백두현 원장님, 세 분께 고객 숙여 감사드린다.

오락가락하는 책 쓰기 컨설턴트 삶에서 중심을 잡아주신 디지털믹스 팝아티스트 최정훈 화가님, 역사와 철학 등 깊이 있는 대화로 방향을 잡아주시는 페이스리딩경영컨설팅 김서원 원장님, 가까이에서 실천력으로 자극을 준 에듀콤교육연구소 장수연 소장님, '열망이 위대함을 낳는다.'를 직접 보여주고 계신 행잼터교육컨설팅 정영숙 대표님, 강사와 사업가로 모두를 성공하게 시키고 꿈을 향해 달려가는 SHE인재개발센터 전창현 대표님, '실행의 힘' 아이콘이란 수식이 아깝지 않은 아름다운 성교육 문화연구소 정지승 소장님, 연구하는 프로페셔널 강사 교육그룹 이음 심연미 대표님, 수많은 후배를 위해 직업 2막 표본을 꾸려 가시는 윤춘식올(ALL)통합교육컨설팅 윤춘식 대표님, 젊은 강사의 길을 제시하고 계신 이든교육원 홍성미 소장님, 학원경영자에서 시인으로 그리고 아날로그 감성을 일깨워 준 배서현 시인님, 함께 성장하고 있는 교학상장 파트너 세종인터넷학교방송 김은지 대표님, 각자 자리에 온 정성을 쏟는 가깝고도 오래된 벗 전경섭, 조정흠에도 감사함을 전한다. 끝으로 부족한 사람을 강사와 저자로 성장하는 데 도움을 주신 모든 분에게 고개 숙여 감사함을 전한다.

강의를 책으로 바꾸는 기술

초판 1쇄 발행 ㅣ 2018년 4월 2일

지은이 ㅣ 윤석일
펴낸이 ㅣ 공상숙
펴낸곳 ㅣ 마음세상

주 소 ㅣ 경기도 파주시 한빛로 70 507-204

출판등록 ㅣ 2011년 3월 7일 제406-2011-000024호

ISBN ㅣ 979-11-5636-233-3 (03190)

원고 투고 ㅣ maumsesang@nate.com

ⓒ윤석일, 2018

* 값 13,000원

* 마음세상은 삶의 감동을 이끌어내는 진솔한 책을 발간하고 있습니다. 참신한 원고가 준비되셨다면 망설이지 마시고 연락주세요.

국립중앙도서관 출판예정도서목록(CIP)

강의를 책으로 바꾸는 기술 / 지은이: 윤석일. – 파주 : 마
음세상, 2018
  p. ;   cm

ISBN 979-11-5636-233-3 03190 : ₩13000

자기 계발[自己啓發]
강의[講義]

325.211-KDC6
650.1-DDC23   CIP2018007920